NOUVELLES CARTES

DES DECOUVERTES

DE L'AMIRAL DE FONTE,

ET autres Navigateurs Espagnols, Portugais, Anglois, Hollandois, François & Russes, dans les Mers Septentrionales, avec leur Explication ;

QUI COMPREND,

L'Histoire des Voyages, tant par Terre que par Mer, dans la partie Septentrionale de la Terre, les Routes de Navigation, les Extraits des Journaux de Marine, les Observations Astronomiques, & tout ce qui peut contribuer au progrès de la Navigation ; avec la Description des Pays, l'Histoire & les Mœurs des Habitans, le Commerce que l'on y peut faire, &c.

Par M. DE L'ISLE,

Professeur de Mathématiques au Collége Royal, Membre des Académies Royales des Sciences de Paris, Londres, Berlin, Stokholm, Upsal, & de l'Institut de Bologne, ci-devant premier Professeur d'Astronomie dans l'Académie Impériale de S. Petersbourg &c.

A PARIS,

M. DCC. LIII.

.... *Venient annis*

Sæcula seris, quibus Occeanus

Vincula rerum laxet, & ingens

Pateat tellus, Tiphys que novos

Detegat orbes ; nec sic terris ultima Thule.

Senec. in Medea. Act. 2.

A V I S.

QUOIQUE je ne me fois pas propofé dans cet
Ouvrage de répondre aux objections que quelques
Perfonnes ont faites contre la réalité du Voyage de
l'Amiral de Fonte, ou fur fes defauts & fes contrarietés
apparentes ; je me flate* cependant que ceux qui ne
cherchent que la vérité , & qui ne propofent leurs
doutes qu'avec droiture , & fans partialité, ou efprit de
contradiction, feront contens des éclairciffemens qu'ils
trouveront dans ces premiers Mémoires, & dans ceux
qui les fuivront : Si je m'apperçois cependant que je n'aye
pas fuffifamment éclairci quelques nouvelles difficultés que l'on auroit faites fur ce fujet , je tâcherai d'y
répondre dans des articles particuliers , pourvû que
je trouve qu'elles foient bien fondées, & que je recon-
noiffe que ce foit dans un bon efprit que l'on les ait
faites. Je ferai prêt auffi à changer de fentiment, lorfque l'on m'aura fait voir que je me fuis trompé en
quelque chofe que ce foit.

NOUVELLES CARTES

DES DÉCOUVERTES

DE

L'AMIRAL DE FONTE,

ET autres Navigateurs Espagnols, Portugais, Anglois, Hollandois, François & Russes, dans les Mers Septentrionales.

AVERTISSEMENT.

IL y a quinze ans que je publiai à Petersbourg un premier Tome de Mémoires, pour servir à l'Histoire & au progrès de l'Astronomie, de la Géographie & de la Physique. Cet Ouvrage auroit pu avoir depuis ce tems-là une longue suite, si je ne me fusse plus appliqué à recueillir de nouveaux matériaux, qu'à mettre en usage ceux que j'avois déja. J'étois alors, de même que je l'ai été depuis mon arrivée en Russie, fort occupé, par ordre de cette Cour, à rassembler des Mémoires qui puissent servir à établir solidement la Géographie de ce vaste Empire pour l'utilité de la Nation. Mon Frère de la Croyère, qui avoit eu permission de m'accompagner en Russie, après avoir parcouru, en conséquence des ordres qu'il

A

avoit obtenus , les parties les plus feptentrionales du Gouvernement d'Archangel, pour mieux fixer par des Obfervations Aftronomiques cette extrémité de l'Empire, avoit auffi entrepris, depuis quelques années, de parcourir de même tout le refte de la Ruffie & de la Sibérie, jufqu'aux dernieres extrémités de l'Orient, & même de s'embarquer au Port le plus oriental du Kamtchatka, pour aller à la découverte des pays fitués entre l'Afie & l'Amérique, au Nord de la Mer du Sud. J'attendois qu'il eût fini fon voyage & achevé toutes fes obfervations pour les joindre à tout ce que j'avois déja & que je continuois à raffembler d'ailleurs, même des pays étrangers; lorfque j'appris fa mort au retour de l'Amérique au Port d'Avatcha d'où il étoit parti. Il me fallut enfuite du tems pour prendre connoiffance de tout ce qu'il avoit fait. Voilà les véritables motifs qui m'ont fait différer, jufqu'à mon arrivée en France, de publier la fuite de mes Mémoires; ayant promis, dans le premier Volume imprimé à Peterfbourg, de donner la Carte des Nouvelles Découvertes que le voyage de mon Frère & du Capitaine Beerings auroient procurées.

Mon premier foin a été, à mon retour à Paris, de mettre en ordre tout ce que j'avois pu raffembler de connoiffances fur la grande étendue des terres inconnues jufqu'alors entre l'Afie & l'Amérique au Nord de la Mer du Sud, & il m'a paru que l'on a vû avec plaifir la Carte que j'en ai préfentée à l'Académie dans fon Affemblée publique du 8. Avril 1750.

L'utilité dont ces nouvelles découvertes ont paru, pour indiquer le paffage à la Mer du Sud tant par le Nord-Eft, que par le Nord - Oueft, auquel on s'intéreffe fi fort préfentement, a fait fouhaiter la publication de cette Carte & du Mémoire qui y eft relatif, dans lequel j'ai fait l'Hiftoire abregée des Voyages des Ruffes par Mer pour la recherche du chemin à l'Amérique; & c'eft ce que je donne à préfent. J'ai cru que l'on recevroit auffi avec plaifir la Relation des découvertes de l'Amiral de Fonte (a), qui m'a été envoyée manufcrite d'Angleterre, il y a quatorze ans, & dont je me fuis fervi pour remplir l'intervalle entre les découvertes des Ruffes, & celles qui ont été faites dans ces derniers tems, dans la Baye d'Hudfon, & les autres régions

---

(a) Le nom de Fonte eft Portugais, & fignifie la même chofe que Fuente en Efpagnol. Comme le Manufcrit qui m'a été envoyé de Londres en 1739, & qui contient la Relation de cet Amiral, de même que les Livres imprimés en Angleterre, qui en parlent, écrivent toujours de Fonte; j'ai cru devoir me conformer à cette prononciation.

les plus feptentrionales de l'Amérique, par lefquelles on a cherché jufqu'ici le paffage à la Mer du Sud.

Peu après mon arrivée de Ruffie à Paris, j'ai communiqué à M. Buache, premier Géographe du Roi, & de l'Académie Royale des Sciences, une partie de mes Mémoires fur la Géographie, & je lui ai laiffé la fatisfaction de dreffer, fur la Lettre de l'Amiral de Fonte, la Carte qui y manquoit. C'eft cette Carte que j'ai préfentée manufcrite à l'Academie, dans le tems de la lecture de mon Mémoire, & que M. Buache a enfuite fait graver. M'étant apperçu depuis, comme bien d'autres, que cette Carte n'étoit pas entiérement conforme à la Relation de l'Amiral de Fonte; ce qui a pu provenir, ou de ce que cette Relation n'étoit pas affez détaillée & précife dans quelques endroits, ou des fautes qui fe font gliffées dans le Manufcrit, & les Copies que l'on en a faites; comme auffi dans la traduction de l'Efpagnol en Anglois; & de cette derniere Langue en François; je me fuis trouvé obligé de refaire cette Carte, en la rendant auffi conforme au texte de la Relation de l'Amiral de Fonte, qu'il m'a été poffible.

C'eft cette Carte que je publie préfentement, à la tête d'un nouveau Recueil qui en comprendra beaucoup d'autres. Toutes ces Cartes feront réduites, autant qu'il fera poffible, à la même échelle, & tracées fuivant la même forte de projection, qui m'a paru la plus avantageufe pour toutes fortes de Cartes, tant particulières que générales. J'expliquerai, dans un article à part de ce Recueil, la nature & les propriétés avantageufes de cette projection.

La première Carte de ce Recueil, eft faite fur l'échelle que j'emploirai dans les autres Cartes générales : c'eft la même échelle & projection qui a été employée dans la Carte gravée par les foins de M. Buache; avec cette différence, que j'en ai retranché d'un côté toute la partie de la Tartarie Orientale & de la Siberie, & de l'autre côté prefque toute l'Amérique Septentrionale, qui ne fervent de rien aux Découvertes de l'Amiral de Fonte & des Ruffes. J'ai crû qu'il étoit plus avantageux de réferver ces parties pour les Cartes fuivantes de ce Recueil, où j'en traiterai en particulier.

Je commence mon Recueil par cette Carte, la plus intéreffante de toutes, & par l'Hiftoire abrégée des Découvertes des Ruffes & de l'Amiral de Fonte, contenue dans le Difcours que j'ai lû à l'Académie, dans fon Affemblée publique du

8. Avril 1750. j'ai auſſi jugé à propos de faire réimprimer la
Traduction Françoiſe de la Lettre de l'Amiral de Fonte, corrigée non - ſeulement des fautes d'impreſſion qui m'avoient
échapé ; mais auſſi de quelques erreurs dans le texte, dont
je me ſuis apperçu en comparant mon Manuſcrit Anglois avec
les différentes éditions que l'on en a faites à Londres.

La dernière édition de cette Lettre eſt inſérée dans la Relation Angloiſe du dernier Voyage fait à la Baye d'Hudſon, pour
la recherche du paſſage par le Nord-Oueſt, les années 1746.
& 1747. par le Vaiſſeau appellé la Californie, commandé par
le Capitaine François Smith. Cette Rélation eſt écrite par le
Clerc ou l'Ecrivain de ce Vaiſſeau. Quoiqu'elle ait été traduite
en François, la traduction n'en eſt pas encore publique.

Outre la Relation très-détaillée & circonſtanciée de ce dernier Voyage, l'Auteur y a ajouté, comme j'ai dit, la Lettre de
l'Amiral de Fonte, avec bien des notes ſur cette Lettre, tant
de lui que des précédens Editeurs de la même Lettre. Il a
dreſſé auſſi une petite Carte pour repréſenter les Pays découverts par l'Amiral de Fonte, & pour ſuppléer à celle qui manquoit à la Lettre de cet Amiral.

Quoique cet Ecrivain de la Californie ait compoſé cette Carte fort légérement, ſans s'être aſſujetti à y repréſenter tout le
détail dont il eſt fait mention dans la Lettre de l'Amiral de
Fonte, j'ai cependant jugé à propos d'en donner une copie
réduite à la même échelle & projection que la mienne, pour
que l'on en puiſſe faire plus aiſément la comparaiſon ; c'eſt la
ſeconde Carte de ce Recueil.

Je joints à la Traduction corrigée que je donne ici de la Lettre de l'Amiral de Fonte, les Notes que le Clerc de la Californie y a faites pour ſervir d'explication à ſa Carte. J'y ai ajouté
auſſi les miennes, & celles que pluſieurs perſonnes y ont faites, qui peuvent ſervir à conſtater l'autenticité & la réalité du
Voyage de l'Amiral de Fonte, dont quelques – uns ont paru
d'abord douter, parce qu'il leur étoit nouveau & qu'il leur pa-
roiſſoit ſujet à pluſieurs difficultés.

L'on pourra juger par ces Notes de l'importance des découvertes de l'Amiral de Fonte, & de celles des Ruſſes pour
trouver le paſſage à la Mer du Sud par le Nord-Oueſt.

La connoiſſance de la Mer de l'Oueſt, qui eſt une Mer par-
ticulière ſituée à l'Oueſt du Canada, au Nord du nouveau Mexique & au Midy des Terres découvertes par l'Amiral de Fon-

te, eſt d'une trop grande conſéquence, dans la recherche du paſſage à la Mer du Sud, pour ne m'être pas trouvé engagé à publier tout ce que j'en ai appris; j'en ferai un article à part. J'y rapporterai tout ce que feu mon Frère le Géographe avoit recueilli de témoignages & d'autorités pour en prouver l'exiſtence dont il n'a jamais douté, quoiqu'il ne l'ait point marquée ſur ſes Cartes imprimées.

J'ai trouvé, parmi les Manuſcrits qu'il a laiſſés à ſa mort, pluſieurs Cartes ſur leſquelles cette Mer étoit repréſentée de différentes manières, à meſure que mon Frère en avoit acquis par ſes lectures plus en plus de connoiſſance. J'en ai trouvé une entr'autres de toute l'Amérique Septentrionale en une feuille, dattée de l'année 1695, & ſur laquelle la Mer de l'Oueſt eſt repréſentée ſuivant l'opinion qu'il en avoit alors.

J'ai trouvé une autre copie de la même Carte deſſinée avec toute la délicateſſe poſſible, ſur laquelle la Mer de l'Oueſt étoit repréſentée de même que ſur la précédente. J'ai crû que l'on verroit avec plaiſir le progrès du Syſtême de mon Frère ſur cette Mer; c'eſt pourquoi j'ai fait graver la partie de cette dernière Carte, qui repréſente non-ſeulement cette Mer, mais encore une bonne partie des Pays qui l'entourent, comme le Canada, la Louiſiane, le Nouveau Mexique & la Californie, afin de mieux faire voir la ſituation de cette Mer à l'égard de ces parties, autant que mon Frère les connoiſſoit dans ce temslà. Ce qui peut ſervir à montrer les différentes routes qui peuvent conduire à cette Mer, & à repréſenter tous les endroits d'où l'on en a eu tous les indices dont mon Frère parle dans un Mémoire qu'il a dreſſé pour en prouver l'exiſtence.

J'ai trouvé, parmi les papiers de mon Frère, pluſieurs copies de ſon Mémoire pour prouver l'exiſtence de cette Mer; elles étoient plus ou moins étendues ſuivant le deſſein qu'il a toujours eu d'en faire uſage. Et effectivement il l'a préſenté aux Miniſtres & autres Perſonnes de conſidération, afin d'exciter à la recherche de cette Mer par de nouveaux voyages faits exprès dans l'intérieur du Canada, ou aux autres endroits qui auroient pu y conduire. Mon Frère étant mort, avant d'avoir publié ſon Mémoire, & ſans avoir eu la ſatisfaction d'apprendre que l'on l'eût confirmé & perfectionné, j'ai jugé à propos de le faire imprimer ſur un Exemplaire fort au net qu'il avoit préſenté au Miniſtre qui avoit la Marine dans ſon Département.

Cet Exemplaire qui eſt double, ſe conſerve au Dépôt des

Cartes & Plans de la Marine ; & comme mon Frère y avoit joint une petite Carte pour l'intelligence du Mémoire, j'ai jugé à propos de la faire graver, quoiqu'elle ne fût que fort générale. C'est la quatriéme Carte de ce Recueil, & la seule que je n'ai pas cru qu'il fût nécessaire de réduire à la même échelle, & sur la même projection que les autres. J'en ai donc donné une copie entiérement conforme, pour la grandeur & la forme, à celle que mon Frère s'étoit contenté de tracer pour joindre à son Mémoire.

Je remarquerai ici, pour l'histoire de ce que mon Frère a fait sur cette Mer de l'Ouest, qu'il l'avoit représentée sur un Globe Terrestre manuscrit, qu'il eut l'honneur de présenter à M. le Chancelier Boucherat, que l'on sçait être décédé à Paris le 2 Septembre 1699. Le sieur Jean-Baptiste Nolin, qui étoit alors Géographe de S. A. R. Monsieur Frère unique du Roi, ayant trouvé moyen d'avoir ce Globe manuscrit, s'en servit pour composer une nouvelle Mappemonde en plusieurs feuilles qu'il publia en 1700.

Comme mon Frère avoit déja publié vers ce tems-là ses premières Cartes, dans lesquelles il avoit extrêmement perfectionné & changé la Géographie de presque toute la Terre, il lui fut aisé d'appercevoir que la Mappemonde de M. Nolin avoit été copiée sur ces nouvelles corrections exprimées dans les premières Cartes gravées de mon Frère & sur le Globe manuscrit présenté à M. le Chancelier Boucherat, sur lequel la Mer de l'Ouest étoit marquée, comme on la voit dans la troisiéme Carte que je donne ici. Mon Frère ayant été obligé d'attaquer en Justice M. Nolin comme Plagiaire, il obtint un Arrêt du Conseil d'Etat du Roi en datte du 19. Juillet 1706. par lequel il fut ordonné que les Planches de la Mappemonde de M. Nolin seroient saisies, rompues, & supprimées, les exemplaires saisies, confisquées & mis au pilon.

Je ne rapporte ceci qu'afin que ceux qui auront des Exemplaires de cette Mappemonde, & qui y verront la Mer de l'Ouest représentée à peu près de la manière que je l'ai fait sur ma troisiéme Carte, d'après les Mémoires manuscrits de mon Frère, sçachent qu'il en est le véritable auteur. Mais comme cette Mappemonde n'est peut-être pas fort répandue, ayant été supprimée comme je viens de dire, six années après sa publication, je dois avertir ceux qui seront curieux de la voir, qu'ils en trouveront un exemplaire parmi les Cartes & Estampes de la Bibliothéque du Roi, avec un exemplaire de la nouvelle Mappemonde que M. Nolin ne tarda pas à faire graver bientôt après fur les mêmes Planches de cuivre, que mon Frère eut la bonté de lui faire rendre, après que l'on en eût effacé tout ce qu'il y avoit de Géographique ; mais l'on peut juger combien pouvoit être défectueufe cette nouvelle Mappemonde de M. Nolin, ne lui ayant pas été permis d'employer toutes les corrections que mon Frère avoit faites fur la Géographie.

Je dois auffi informer ceux à qui ces petites Anecdotes de l'Hiftoire de la Géographie peuvent faire plaifir, que la nouvelle Mappemonde que M. Nolin fit graver, différa encore de fa première par la nature de fa projection. La première étoit faite fuivant la projection ordinaire des Mappemondes ; c'eft-à-dire fuivant la projection Stéréographique, dans laquelle l'œil eft fuppofé fur la furface du Globe Terreftre à l'un ou l'autre pôle du premier Méridien ; au lieu que M. Nolin a fuivi, dans fa feconde Mappemonde, la projection propofée par M. de la Hire, dans laquelle l'œil eft élevé au-deffus de la furface du Globe Terreftre d'environ fept dixiémes du rayon, afin de rendre les degrés de l'Equateur & de quelques autres Cercles prefque égaux entr'eux ; ce que l'on fçait qui n'arrive pas dans la projection Stéréographique ordinaire, dans laquelle ces degrés font fort inégaux, les plus petits étant les plus près du centre de chaque Hémifphere.

On peut auffi voir fur cette feconde Mappemonde de M. Nolin, de quelle façon il a défiguré l'opinion de feu mon Frère fur la Mer de l'Oueft ; mais c'eft ce que je n'examine pas à préfent ; non plus que la manière dont les Géographes poftérieurs, qui ont voulu marquer cette Mer, l'ont repréfentée. Je me borne pour le préfent au fentiment de mon Frère & à ce que j'ai pû y ajouter qui n'étoit pas venu à fa connoiffance, ou dont il n'avoit pas fait tout l'ufage que j'ai cru après lui en pouvoir faire.

Après l'explication générale que je viens de donner des quatre premières Cartes de ce Recueil, qui concernent les Découvertes de l'Amiral de Fonte, celles des Ruffes, & la Mer de l'Oueft, j'ai cru devoir entrer, dans la fuite de cet Ouvrage, dans un plus grand détail géographique fur toute l'Amérique Septentrionale, de même que fur toute l'Afie Septentrionale ; & je repréfenterai ces deux grandes parties de la Terre dans beaucoup de Cartes particulières, qui feront fur une affez grande échelle pour que l'on y puiſſe appercevoir tous les détails dont on a connoiſſance. Toutes ces Cartes ſeront auſſi ſur la même échelle entr'elles, & ſuivant la même projection, quelque grand ou petit que ſoit le Canton qu'elles repréſenteront.

Ce ſera principalement à l'occaſion de ces Cartes, & pour leur explication, que je donnerai, comme je l'ai promis dans le titre de cet Ouvrage, l'Hiſtoire des Voyages, tant par Mer que par Terre, qui ont ſervi à faire connoître chaque Canton particulier; j'y rapporterai les routes de Navigation, les extraits des Journaux de Marine, les Obſervations Aſtronomiques, & toutes les autres remarques Géographiques qui auront ſervi de fondement à la conſtruction de ces Cartes, & qui en ſeront, pour ainſi dire, les piéces juſtificatives.

Cette manière de traiter la Géographie, devroit ſervir de régle pour ceux qui voudroient d'orénavant publier de nouvelles Cartes; car il ſeroit avantageux que l'on n'en donnât point de nouvelles des Pays déja décrits, qu'à moins que l'on n'eût de nouveaux Mémoires à y employer; ou que l'on n'eût trouvé le moyen de faire un meilleur choix & uſage des Mémoires connus & employés juſqu'à préſent.

Cela ſuppoſe, comme l'on voit, dans les nouveaux Auteurs, une parfaite connoiſſance de tous les Mémoires qui doivent ſervir de fondemens à leurs Cartes, & l'acquiſition de quelques nouveaux Mémoires, ou aſſez de ſcience pour faire un meilleur uſage des connoiſſances déja acquiſes, que l'on n'en avoit fait auparavant. Mais il ne ſeroit pas difficile aux Auteurs des nouvelles Cartes, de faire voir qu'ils ont ces qualités, s'ils vouloient bien ſe donner la peine de rendre un compte détaillé de la compoſition de leurs Cartes, dans lequel ils nommeroient les Mémoires anciens & nouveaux dont ils ſe ſeroient ſervis, & la manière dont ils les auroient employés, comme auſſi les raiſons qu'ils auroient eue dans la diverſité & contrariété de quelques-uns de ces Mémoires, pour préférer les uns aux autres.

S'ils ont eu de nouveaux Mémoires & Obſervations inconnues avant eux, ou dont on n'avoit pas fait uſage, ils devroient les publier, & enfin faire voir de quelle manière ils ont confirmé ou rectifié, par ces nouveaux Mémoires, les connoiſſances que l'on avoit auparavant.

Ce ſeroit le meilleur moyen de faire valoir les nouveaux Ouvrages, & de les rendre utiles à l'avancement de la Géographie,

graphie, parce que non-feulement cela procureroit de meilleu-
res Cartes ; mais ferviroit encore à inftruire & affurer ceux qui
voudroient dans la fuite faire de nouvelles Cartes des mêmes
endroits.

Je ne me flatte pas d'avoir connu & acquis tous les Mémoires & obfervations Géographiques faites fur les Pays dont je
me fuis propofé de donner des Cartes : je ne me fuis appliqué à cette recherche que depuis que j'ai été appellé en Ruffie par Pierre le Grand, pour y fonder la Géographie avec l'Aftronomie ; & je ne me fuis appliqué à travailler moi-même, fur
la Géographie de ce vafte Empire, que depuis que j'ai appris
la mort de mon Frère le Géographe arrivée le 25. Janvier 1726.
Car je ne m'étois d'abord propofé, fuivant l'intention de Pierre
le Grand, que de recueillir en Ruffie les Mémoires que j'y aurois trouvés, & d'en procurer de nouveaux que j'aurois envoyés à mon Frère pour les rédiger ; mais fa mort, arrivée une
année après celle de Pierre le Grand, m'ayant obligé de faire
moi-même ufage des uns & des autres, & ayant d'ailleurs
beaucoup d'autres occupations & diftractions, fans parler de
divers empêchemens, on juge bien qu'il ne faut attendre de
moi fur cela que ce que toutes ces circonftances, jointes en-
femble, m'ont permis de faire, quoique pendant un féjour
de 21. années en Ruffie.

Pour ce qui eft des Mémoires étrangers à la Géographie de
la Ruffie, il en faut diftinguer de deux fortes ; les uns que j'ai
pû avoir dans le pays même, qui traitoient des Pays limitro-
phes à l'Empire de Ruffie, & les autres qui concernoient les
Pays plus éloignés, comme eft l'Amérique Septentrionale, à
laquelle je ne me fuis guéres appliqué que depuis mon retour en
France, tant parce que je n'en avois pas beaucoup affaire pendant mon féjour en Ruffie, que par la difficulté que j'aurois eue
d'y en trouver. Mais à l'égard de ces derniers, comme j'en ai
eu befoin dans la fuite pour éclairer la communication de l'A-
fie à l'Amérique par le Nord de la Mer du Sud, je me fuis trouvé obligé, depuis mon retour en France, de rechercher les fondemens de toutes les connoiffances Géographiques que l'on
a eues jufqu'ici, fur une bonne partie de l'Amérique Septentrionale.

J'ai été aidé, à la vérité, dans cette recherche par les Mémoires & les Cartes manufcrites de feu mon Frère le Géogra-

B

phe, qui m'ont été remifes l'année 1747. mais l'on juge bien, qu'il m'a fallu encore du tems pour les arranger & en prendre connoiffance ; comme auffi pour fuppléer d'ailleurs à ce qui me manquoit. Car je dois avouer que n'ayant pas encore lü les principaux Auteurs, que mon Frère fçavoit, pour ainfi dire, par cœur, & fur lefquels il n'avoit laiffé par écrit que des extraits à fon ufage, j'ai dû commencer par les raffembler fans les pouvoir trouver tous dans fa Bibliothéque, à caufe du délabrement & du partage qui s'en eft fait après fa mort. Ce font toutes ces raifons qui m'ont fait différer jufqu'à préfent de publier ce que j'ai recueilli fur la Géographie, tant de la Ruffie & de l'Afie Septentrionale, que de l'Amérique, & qui doivent me rendre excufable, fi je ne fuis pas auffi inftruit fur ces parties que les habiles gens, qui n'ont fait toute leur vie d'autre étude que celle de la Géographie, avec plus de talent que je n'en ai.

Je ne me fuis propofé de donner, dans ce Recueil, que les Cartes & les obfervations dans lefquelles j'ai cru qu'il y avoit affez de nouveauté ou d'utilité pour mériter d'être publiées. Mais je ne me bornerai pas à la feule Géographie dans la continuation de ces Recueils ; j'ai cru devoir y fuivre le plan que j'avois formé il y a quinze ans , lorfque je publiai à Peterfbourg mon premier volume de *Mémoires pour fervir à l'Hiftoire & au Progrès de l'Aftronomie , de la Géographie & de la Phyfique*; fi je peux efpérer de jouir de la fanté encore quelques années,& obtenir les fecours dont j'ai befoin pour publier tout ce que j'ai fait & recueilli ju qu'ici, fur l'Aftronomie & la Phyfique, & même fur l'Hiftoire de la Ruffie & des autres Peuples qui lui font foumis, ou feulement qui en font voifins, &c.

Ce fera la matière de plufieurs volumes qui fuivront ce premier Recueil : mais comme je ne prétends pas que ces différens objets, y foient épuifés, ou traités d'une manière à n'y rien laiffer à défirer ; c'eft pour cela que je conferverai à ces Recueils le titre de Mémoires, & que je ne m'oblige à y fuivre d'autre ordre dans les matières, que celui qui fera indiqué par les titres des différentes parties de cet ouvrage.

HISTOIRE ABREGÉE

DES

NOUVELLES DÉCOUVERTES

AU NORD DE LA MER DU SUD,

Lûe dans l'Assemblée publique de l'Académie Royale des Sciences le 8 Avril 1750. par M. DE L'ISLE de la même Académie.

PArmi les Terres ou les Mers inconnues, il n'y en a pas de plus utiles à découvrir que celles qui sont au Nord de la Mer du Sud. Il y a plus de deux siécles & demi que les Anglois & les Hollandois, intéressés au commerce des Indes Orientales, font des efforts prodigieux pour en chercher le plus court chemin, soit par le Nord-Est, le long des Côtes Septentrionales de la Tartarie ; ou par le Nord-Ouest, en traversant les Détroits découverts au Nord de l'Amérique Septentrionale ; mais l'on sçait combien on est encore peu avancé dans l'une & l'autre de ces deux routes. Les plus habiles Navigateurs Anglois & Hollandois ont eu bien de la peine à parvenir par le Nord-Est un peu au-delà de la nouvelle Zemle ; & nous apprenons par les derniers Voyages faits à la Baye d'Hudson, que les Anglois, qui persistent à soutenir la possibilité du passage à la Mer du Sud par cette Baye, n'ont pu encore trouver l'entrée qui y conduit. Et quand ils la trouveroient, il y auroit encore plus de 500. lieues à faire pour arriver à l'extrêmité la plus voisine de la Mer du Sud connue jusqu'à présent, sans que l'on sçache précisément si ce sont des Terres ou des Mers qui occupent cet espace.

Du côté de l'Asie, il n'y a pas moins de 700. lieues entre la Côte Orientale de la nouvelle Zemle & l'extrêmité la plus orientale de la Mer Glaciale, & encore près de 800. lieues de-là jusqu'au Japon. Enfin la partie de la Mer du Sud, inconnue au Nord entre le Japon & la Californie, a plus de 1200. lieues d'étendue.

Quel prodigieux efpace inconnu fur notre Globe dans un endroit fi intéreffant ! Je vais expofer à la Compagnie la découverte de toutes les terres & les mers qui y font contenues, & dont j'ai acquis la connoiffance pendant le long féjour que j'ai fait en Ruffie, & depuis mon retour en France.

Je n'entrerai pas ici dans le détail de toutes les difpofitions que Pierre le Grand avoit faites en Ruffie pour la Géographie de fon Empire, avant que je fuffe arrivé en Ruffie. Il me fuffira de rapporter ce qu'il a fait en particulier pour s'informer des bornes de la Tartarie au Nord-Eft, & reconnoître fi elle ne feroit pas contigue à l'Amérique, ou fort voifine. Il choifit pour cela M. Beerings habile Marin, Danois de nation. Ce fut fur les derniers tems de la vie de ce grand Empereur, à la fin de Janvier 1725. que cet Officier en reçut les ordres, qui lui furent confirmés en plein Sénat le 5. Février, huit jours après la mort de Pierre le Grand, par l'Impératrice Catherine, qui fe fit un devoir de fuivre en cela les vûes du feu Empereur fon Epoux.

Le Capitaine Beerings employa cinq ans à fon expédition, parce qu'il lui fallut non-feulement fe rendre par terre, avec tout fon monde, à l'extrêmité orientale de l'Afie ; mais encore y faire tranfporter prefque tout ce qui étoit néceffaire, pour y conftruire deux bâtimens propres à faire par mer la recherche qui lui étoit ordonnée. M. Beerings crut y avoir fatisfait, lorfqu'ayant fuivi la Côte orientale de l'Afie depuis le Port de Kamtchatka jufqu'à la latitude de 67°½ au Nord-Eft, il vit la mer libre au Nord & à l'Eft, & que la Côte tournoit au Nord-Oueft, & enfin, après avoir appris des habitans que l'on avoit vû arriver un bâtiment de la riviere de Lena à Kamtchatka, il y avoit déja 50 à 60 ans.

Cette navigation fervit à déterminer plus exactement que l'on ne l'avoit fçu auparavant, la fituation & l'étendue de la Côte orientale de l'Afie, depuis le Port de Kamtchatka fous la latitude de 56°, jufqu'au terme où s'étoit avancé le Capitaine Beerings. Cet Officier ne remarqua près de fa route que trois petites Ifles fort voifines des Côtes ; mais ayant appris, à fon retour au Port de Kamtchatka, qu'il y avoit une terre à l'Orient que l'on pouvoit voir dans un tems clair & ferein, il effaya d'y aller, après avoir fait réparer les dommages que fon Vaiffeau avoit foufferts par une tempête. Cette feconde tentative fut inutile ; car s'étant avancé d'environ 40 lieues à l'Eft fans voir terre, il fut de nouveau affailli d'une grande tempête venant de l'Eft-Nord-Eft, & d'un vent entiérement contraire qui le renvoya bien vîte au Port d'où il étoit parti, fans qu'il aît depuis fait de nouvelles tentatives pour rechercher cette prétendue terre.

Après le retour de M. Beerings à Peterfbourg, il m'apprit de bouche ce qu'il n'a pas dit dans fa Relation, à fçavoir que, dans fon Voyage fur la Côte orientale de l'Afie, entre les latitude de 50 & de 60 degrés, il avoit eu tous les indices poffibles d'une côte ou d'une terre à l'Eft. Ces indices font 1°. de n'avoir, trouvé en s'éloignant de ces Côtes, que peu de profondeur & des vagues baffes, telles qu'on les trouve ordinairemen: dans les détroits ou bras de la Mer ; bien différentes des hautes vagues que l'on éprouve fur les Côtes expofées à une Mer fort étendue. 2°. D'avoir trouvé des pins & autres arbres déracinés, amenés par le vent d'Eft, au lieu qu'il n'en croît point dans le Kamtchatka. 3°. D'avoir appris des gens du Pays que le vent d'Eft peut amener les glaces en deux ou trois jours, au lieu qu'il faut quatre ou cinq jours de vent d'Oueft pour les emporter de la côte Nord-Eft de l'Afie. 4°. Que de certains oifeaux viennent régulièrement tous les ans, dans les mêmes mois du côté de l'Eft, & qu'après avoir paffé quelques mois fur les côtes de l'Afie, ils s'en retournent auffi régulièrement dans la même faifon.

M. le Capitaine Beerings & fon Lieutenant obfervèrent auffi au Kamtchatka deux Eclipfes de Lune les années 1728 & 1729. qui me fervirent à déterminer la longitude de cette extrêmité Orientale de l'Afie, avec la précifion que pouvoit comporter la nature de ces obfervations faites par des gens de Mer avec leurs propres inftrumens ; mais ces premières déterminations ont été confirmées par des obfervations fort exactes des Satellites de Jupiter, qui furent faites enfuite dans le voifinage par mon Frère & par des Ruffes exercés à ces fortes d'obfervations, & qui étoient munis d'inftrumens convenables.

Après avoir acquis, il y a près de vingt ans, ces premières connoiffances fur la longitude du Kamtchatka avec la Carte & le Journal du Capitaine Beerings, je m'en fervis, pour dreffer une Carte qui repréfentoit l'extrêmité orientale de l'Afie avec la côte oppofée de l'Amérique Septentrionale, afin de faire voir d'un coup d'œil ce qui reftoit encore à découvrir entre ces deux grandes parties du Monde. J'eus l'honneur en 1731. de présenter cette Carte à l'Impératrice Anne & au Sénat dirigeant, afin d'exciter les Russes à la recherche de ce qui restoit à découvrir: ce qui eut son effet ; cette Princesse ayant ordonné que l'on fît un nouveau voyage suivant le Mémoire que j'en avois dressé.

J'indiquai dans ce Mémoire trois différentes routes à suivre par Mer, pour découvrir ce qui restoit d'inconnu. L'une de ces routes se devoit faire au Midi du Kamtchatka en allant droit au Japon : ce qu'on ne pouvoit faire sans traverser la Terre d'Yeço, ou plutôt les passages qui la séparent de l'Isle des Etats & de la Terre de la Compagnie, découvertes par les Hollandois, il y a plus de cent ans. Par ce moyen on pouvoit découvrir ce qui étoit au Nord de la Terre d'Yeço, dont on ne sçavoit point encore l'étendue de ce côté-là, non plus que le passage qui est entre la Terre d'Yeço & la Côte de la Tartarie Orientale. L'autre route se devoit faire directement à l'Est du Kamtchatka jusqu'à ce que l'on rencontrât les Côtes de l'Amérique au Nord de la Californie. Enfin je proposai, pour troisième objet, que l'on allât chercher les Terres dont le Capitaine Beerings avoit eu de si forts indices dans son premier voyage à l'Est du Kamtchatka.

Cette expédition ayant été ordonnée, comme je l'avois indiquée, M. Beerings eut la commission d'aller chercher, à l'Est du Kamtchatka, les Mers dont il avoit eu les indices dans son premier voyage: il partit en 1741. mais il n'alla pas bien loin ; car ayant été assailli d'une furieuse tempête, dans un tems fort obscur, il ne put tenir la Mer, & échoua dans une Isle déserte sous la latitude de 54 degrés, à peu de distance du Port d'Avatcha d'où il étoit parti. Ce fut là le terme des Voyages & de la vie de M. Beerings, qui y périt de misère & de chagrin avec la plûpart de son monde. Le peu qui en put échapper revint au Kamtchatka, avec bien de la peine, dans une petite barque qu'ils avoient construite des débris de leur vaisseau. Cette Isle fut nommée l'Isle de Beerings.

Ce fut un Allemand nommé Spanberg qui eut le commandement du Vaisseau envoyé à la recherche du Japon. Il partit du Port de Kamtchatka en Juin 1739. par un bon vent qui lui fit faire vers le Sud, en seize jours, près de vingt degrés en latitude, jusqu'à la hauteur de 36 à 37 degrés au travers de plusieurs Isles. Il crut être arrivé à la côte du Japon où il fut, dit-on, bien reçu. Il aborda aussi au Japon à la latitude de 39 à 40

degrés, qui eſt la partie Septentrionale. Il alla juſqu'à Matſ-
mcy, principal lieu & un des plus méridionaux de la Terre d'Yeço, mais où le Capitaine Spanberg ne deſcendit point à terre.

Pour ce qui eſt de la troiſiéme & principale route que l'on a
tenue à l'Eſt du Kamtchatka juſqu'à l'Amérique, ç'a été le Capitaine Ruſſe nommé Alexis Tchirikow, lequel avoit été Lieutenant du Capitaine Beerings dans ſon premier voyage, qui a
eu le commandement de cette dernière expédition; & mon
Frère, Aſtronome de cette Académie, s'eſt embarqué avec lui,
tant pour l'aider dans l'eſtime de ſa route, que pour faire des
obſervations Aſtronomiques exactes dans les lieux où ils auroient pû débarquer. Ils ſont partis le 15 Juin 1741. N. St. d'un
Port du Kamtchatka appelié Avatcha, ou Port de S. Pierre &
S. Paul, dont mon Frère avoit obſervé la latitude de 53 degrés
1', & dont la diſtance au Méridien de Paris a été trouvée, par les
Satellites de Jupiter de plus de 156 degrés.

Le 26 Juillet, après 41 jours de navigation, ils arrivèrent à
la vûe d'une terre qu'ils prirent pour la côte de l'Amérique ſous
la latitude de 55 degrés 36'. Ils avoient fait près de 62 degrés en
longitude, & par conſéquent ils étoient éloignés de 218 degrés
à l'Orient du Méridien de Paris. Le Cap Blanc, qui eſt à l'extrêmité la plus Septentrionale & Occidentale connue de la Californie, eſt ſous la latitude de 43 degrés, & diſtant du Méridien
de Paris de 232 degrés : ainſi le Capitaine Tchirikow & mon
Frère étoient parvenus à 14 degrés à l'Oueſt de la Californie, & à 12 degrés & demi au Nord. C'eſt un lieu où l'on n'avoit
pas ſçu que perſonne fût encore arrivé avant eux. Ce fut là auſſi
juſqu'où ils avancerent en longitude.

Le Capitaine Tchirikow étant arrivé au lieu que je viens de
dire le 26 Juillet, louvoya les jours ſuivans pour tâcher de s'ap-
procher de terre ; ce qu'il ne put faire avec ſon Vaiſſeau qu'à la
diſtance de plus d'une lieue : c'eſt pourquoi il ſe détermina, au
bout de huit jours, à envoyer dans une chaloupe dix hommes
armés avec un bon Pilote ; mais ils furent perdus de vûe lorſqu'ils furent arrivés à terre, & on ne les a pas revûs depuis,
quoique l'on ait tenu la Mer, & fait bien des courſes dans ces
Cantons-là pendant tout le mois d'Août, en attendant leur retour,
juſqu'à ce que le Capitaine Tchirikow déſeſpérant de les revoir,
& la ſaiſon devenant trop mauvaiſe pour tenir la Mer plus long-
tems, il prit le parti de s'en retourner. Il eut dans ſon retour,
pendant pluſieurs jours, la vûe des terres fort éloignées, que
j'ai marquées ſur ma Carte.

Enfin étant fort avancés dans leur retour, ils approchèrent le 20 Septembre fort près d'une Côte montagneuse & couverte d'herbe, mais ils n'apperçurent point de bois. Ils n'y purent aborder à caufe des rochers qui étoient fous l'eau & fur les bords de la côte ; mais étant entrés dans un Golfe, ils y virent des habitans dont plufieurs vinrent à eux, chacun dans un petit bateau femblable à ceux des Groenlandois ou des Efquimaux. Ils ne purent entendre leur langage. La latitude de ce lieu fut obfervée de 51 degrés 12'. & fa différence de longitude au Port d'Avatcha où ils s'en retournèrent, fut déterminée de près de 12 degrés.

Pendant tout ce voyage du Capitaine Tchirikow & de mon Frère, qui avoit déja duré plus de trois mois, le plus grand nombre de l'équipage avoit été attaqué du fcorbut & en étoit mort. Mon Frère & le Capitaine Tchirikow n'en furent point exempts ; mon Frère même y fuccomba, après treize jours de maladie, étant mort le 22 Octobre, une heure environ après être arrivé au Port d'où il étoit parti plus de quatre mois auparavant. Le Capitaine Tchirikow, quoiqu'extrêmement mal, s'eft rétabli, de même qu'une petite partie de fon monde. Voilà quel a été le fuccès de la dernière navigation des Ruffes, pour chercher le chemin de l'Amérique.

Il y a fur les bords de la Mer Orientale, vis-à-vis le Kamtchatka, un lieu nommé Okhota ou Okhotskoy Oftrog, dont la latitude eft de 59 degrés 22'. & qui eft diftant du Méridien de Paris de près de 141 degrés en longitude : c'eft le lieu de l'embarquement pour le Kamtchatka & les Pays voifins. M. Beerings y avoit laiffé le Vaiffeau avec lequel il avoit fait fon premier voyage. Des Ruffes fe hafardèrent d'y monter en 1731. & de tenir la même route que M. Beerings avoit fuivie deux ans auparavant ; mais ils y réuffirent mieux que lui, ayant pouffé plus loin la découverte de l'Amérique : car étant venus à la pointe jufqu'où avoit été le Capitaine Beerings dans fon premier voyage, & ce qui avoit été fon *non plus ultrà*, ils fe dirigèrent exactement à l'Eft où ils trouverent une Ifle & enfuite une grande Terre. A peine étoient-ils à la vûe de cette Terre, qu'il vint à eux un homme dans un petit bâtiment femblable à ceux des Groenlandois. Ils voulurent s'informer de quel pays il étoit ; mais ils n'en purent rien apprendre, finon qu'il étoit habitant d'un très-grand continent où il y avoit beaucoup de fourures. Les Ruffes fuivirent la côte du continent deux jours entiers en

allant

allant vers le Sud , sans y pouvoir aborder : après quoi ils furent assaillis d'une rude tempête qui les ramena, malgré eux, sur la côte du Kamtchatka , & ils s'en retournèrent ensuite d'où ils étoient partis.

Je pourrois ajoûter à ces découvertes des Russes au Nord de la Mer du Sud , celles qu'ils ont faites sur les côtes de la Mer glaciale pendant huit années , depuis Archangel jusqu'à la Rivière de Kovima ; mais comme ils n'ont pas été plus loin , je me suis contenté de marquer sur ma seconde Carte la situation des côtes de la Mer glaciale , suivant leurs observations, jusqu'à la Rivière de Kovima, & le reste de la côte à l'Orient par estime, avec la route que d'autres Russes avoient faite anciennement avec de petites barques le long des côtes jusqu'au Kamtchatka , & enfin une grande Terre découverte en 1723. au Nord de la Mer glaciale à 75 degrés de latitude.

Lorsque j'étois occupé en Russie, comme je viens de dire, à la recherche de ces Pays Septentrionaux , j'ai eu le bonheur d'apprendre les découvertes faites par l'Amiral de Fonte dans la Mer du Sud, pour la recherche du passage du Nord-Ouest , & cela par un Manuscrit contenant l'extrait de ce voyage. Comme je ne crus pas en pouvoir faire un bon usage avant que d'avoir connoissance de la route de mon Frère , pour l'y comparer, j'ai différé jusqu'à mon retour en France à en faire usage.

L'Amiral Barthelemi de Fonte étoit alors Amiral de la nouvelle Espagne , & fut ensuite Prince du Chili , &c. Il rapporte que la Cour d'Espagne ayant été informée des voyages des Anglois dans la Baye d'Hudson, pour chercher un passage au Nord-Ouest, il avoit reçu ordre tant du Roi d'Espagne que des Vicerois de la nouvelle Espagne & du Pérou, d'en faire la recherche par la mer du Sud, avec quatre vaisseaux de guerre qui se mirent en Mer pour cet effet au Callao de Lima le 3 Avril 1640. Qu'en route auprès de Realejo , sur la côte du Mexique , ils se fournirent encore de quatre longues chaloupes bonnes voilières & construites exprès pour faire voile & pour rester à l'ancre &c. Qu'étant parvenu au Cap blanc (extrêmité connue jusqu'alors de la Californie) il avoit fait 456 lieues au Nord-Nord-Ouest , jusqu'à ce qu'il fût arrivé à une Rivière qu'il nomma Rio de los Reyes. Que dans cette route ils avoient rencontré, dans l'étendue de 260 lieues, beaucoup de canaux qui serpentoient & formoient un Archipel que l'Amiral de Fonte avoit appellé l'Archipel de S. Lazare. J'omets à présent , pour n'être pas trop

C

long, le détail de la relation de l'Amiral de Fonte; la Carte que
je préfente faifant fuffifamment voir les grands Lacs , Ifles &
Rivières qui ont été découvertes dans ce voyage, & auxquelles
il a donné des noms. Je remarquerai feulement que cet Amiral
& les Capitaines des vaiffeaux qu'il commandoit, s'étant fépa-
rés , & ayant fait différentes routes pour découvrir en même
tems plus de Pays, ils avoient pû entrer, avec leurs grands vaiffeaux, dans quelques-uns des grands Lacs marqués fur la Carte,
& que l'Amiral lui-même étant parvenu avec fes barques à voiles jufqu'à un des Lacs qui répond à la Baye d'Hudfon, n'ayant
pû aller dans cet endroit avec fes vaiffeaux à caufe des Cataractes; il y avoit trouvé un vaiffeau Anglois qui étoit venu de
Bofton &c. Qu'enfin un de fes Capitaines avoit découvert tant
par terre que par mer jufqu'au delà du 80e degré où il avoit trouvé des montagnes de glace d'une prodigieufe hauteur.

Les Terres & les Mers découverte par l'Amiral de Fonte ,
rempliffent tout l'efpace que les recherches des Ruffes laif-
foient encore à défirer, & fe terminent aux dernieres terres de
l'Amérique Septentrionale connues jufqu'ici, tant du côté des
Bayes d'Hudfon & de Baffins, qu'à l'Oueft du Canada, au Nord
du nouveau Mexique & de la Californie : ce qui donne un fi
grand jour pour la découverte du paffage à la mer du Sud par
le Nord Oueft, que j'ai crû en devoir faire part à la Compagnie, en attendant que je lui expofe les fondemens de la conf-
truction de cette Carte, dont les détails doivent être réfervés
pour nos Affemblées particulières.

Lettre écrite par l'Amiral Barthelemi de Fonte, alors Amiral de la nouvelle Espagne & du Pérou, à présent Prince du Chili, dans laquelle il rend compte de ce qu'il y a de plus important dans son Journal, depuis le Callao de Lima au Pérou, & de ses recherches pour découvrir s'il y a quelque passage au Nord-Ouest de l'Océan Atlantique dans la Mer du Sud & de la grande Tartarie.

Traduit de l'Anglois.

LEs Vicerois de la Nouvelle Espagne & du Pérou ayant été avertis, par la Cour d'Espagne, que les différentes tentatives des Anglois, tant celles qui se firent sous le regne de la Reine Elisabeth & du Roi Jacques, que celles du Capitaine Hudson & du Capitaine James dans la 2, 3, & 4e année du regne du Roi Charles, avoient encore été entreprises l'an 1639. la quatorziéme année du même Roi Charles par quelques habiles Navigateurs de *Boston* dans la nouvelle Angleterre, moi l'Amiral de Fonte, je reçus ordre d'Espagne & des Vicerois d'équipper quatre vaisseaux de guerre, qui ayant été préparés, nous nous mîmes en mer *au Callao de Lima* le 3 Avril 1740; Moi l'Amiral Barthelemi de Fonte dans le vaisseau le S. Esprit; le Vice-Amiral Dom Diego Penelossa dans le vaisseau la Sainte Lucie; Pedro Bernardo dans le vaisseau le Rosaire, & Philippe de Ronquillo dans le Roi Philippe.

Le 7 Avril à cinq heures du soir ayant fait 200 lieues, nous arrivâmes à la hauteur de *Sainte Helene* au Nord de la Baye de *Gayaquil* & à deux degrés de latitude Méridionale : nous jettâmes l'ancre au Port de *Ste Helene* en dedans du Cap, où chaque équipage se pourvut d'une grande quantité d'un bitume appellé communément Goudron, qui est d'une couleur obscure, tirant un peu sur le verd. C'est un excellent remède contre le scorbut & l'hydropisie. On s'en sert aussi pour goudronner les vaisseaux; mais nous le prîmes pour remède. Il sort de la terre en bouillant, & on l'y trouve en abondance.

Le 10 Avril nous passâmes la Ligne Equinoxiale à la vûe du

Cap *del Paſſao*, & le 11. nous paſſâmes celui de *S. François* à 1 degré 7ⁱ de latitude Septentrionale. Nous jettâmes l'ancre à l'embouchure de la Rivière de *S. Jago*, à 80 lieues *du Cap Ste Helene* au Nord-Nord-Eſt, & à 25 lieues *du Cap S. François* à l'Eſt tirant au Sud. Nous y jettâmes nos filets, & prîmes une grande quantité de bons poiſſons. Pluſieurs perſonnes de chaque vaiſſeau mirent auſſi pied à terre, & tuèrent une grande quantité de chèvres & de cochons qui y ſont ſauvages & en grande abondance. D'autres achetèrent des gens du Pays 20 douzaines de coqs & de poules d'Inde, des canards & de très-excellens fruits: c'étoit dans un village à deux lieues Eſpagnoles ou ſix milles & demi de l'embouchure de la Rivière de *S. Jago*, à gauche. On peut remonter cette Rivière avec de petits vaiſſeaux juſqu'à 14 lieues Eſpagnoles, Sud-Eſt environ de la Mer, preſqu'à moitié chemin de la belle ville de *Quito* qui eſt à 22 minutes de latitude Méridionale : cette Ville eſt fort riche.

Le 16 Avril nous fimes voile, de la Rivière de *S. Jago*, pour le Port & la Ville de *Realejo* à 320 lieues Oueſt-Nord-Oueſt un peu plus à l'Oueſt, environ à 11 degrés 14 minutes de latitude Boréale, laiſſant à bas-bord la Montagne de *S. Michel*, & la pointe de *Cazamina* à ſtribord. Le Port de *Realejo* eſt très-ſûr; il eſt couvert, du côté de la Mer, par les Iſles *Ampallo* & *Mangreza*, toutes deux habitées par les naturels du Pays & bien peuplées, & par trois autres Iſles. C'eſt à *Realejo* que l'on bâtit les grands vaiſſeaux dans la Nouvelle Eſpagne. *Realejo* n'eſt éloigné que de quatre milles par terre du commencement du *Lac Nicaragua* qui tombe dans la Mer du Nord, à 12 degrés de latitude Septentrionale près des Iſles *del Grano*, ou *de las Perlas*, c'eſt-à-dire, du Bled ou des Perles. On trouve aux environs de *Realejo* une grande abondance de bois ferme, des cédres rougeâtres, & toute ſorte de bois pour la conſtruction des vaiſſeaux. Nous y achetâmes quatre longues chaloupes bonnes voilières & conſtruites exprès pour aller à voiles & à rames: elles étoient chacune de 12 tonneaux environ, & la quille avoit 32 pieds.

Le 26 Avril nous fimes voile de *Realejo* pour le Port de *Saragua*, ou plutôt *Salagua*, en paſſant en dedans des Iſles & bas fonds de *Chamilli*, lequel Port eſt auſſi ſouvent appellé de ce nom par les Eſpagnols; il eſt ſitué ſur 17 degrés 31 minutes de latitude Septentrionale, & à 480 lieues au Nord-Oueſt, un quart à l'Oueſt, un peu à l'Oueſt de *Realejo*. Dans la ville de *Salagua*, & dans la ville de *Compoſtella* qui eſt dans le voiſinage de ce

Port, nous engageâmes un Maître & six Matelots qui trafiquent des perles avec les Naturels du Pays à l’Est de la Californie, qui les pêchent sur un banc qui a 29 degrés de latitude Septentrionale, au Nord du banc *S. Jean*, qui est à 24 degrés de latitude Septentrionale. Ce banc est à 20 lieues Nord-Nord-Est du Cap *S. Luc*, qui est la pointe la plus Sud-Est de la Californie.

Ce Maître que l’Amiral de Fonte avoit engagé avec son Vaisseau & son équipage, l’informa qu’à 200 lieues au Nord du Cap *S. Luc*, un flux venant du Nord rencontroit le flux venant du Sud, & qu’il étoit sûr que la Californie étoit une Isle. Sur cela D. Diego Penelossa (fils de la sœur de D. Louis de Haro, premier Ministre d’Espagne.) jeune Seigneur qui avoit beaucoup de connoissances & d’adresse en fait de Cosmographie & de Navigation, entreprit de découvrir si la Californie étoit une Isle ou non ; car on ne sçavoit pas encore si c’étoit une Isle ou une presqu’Isle. Il avoit avec lui, outre son Vaisseau, les quatre Chaloupes achetées à *Realejo*, & le Maître & les Matelots engagés à *Salagua*.

Cependant l’Amiral de Fonte les quitta en faisant voile, avec les trois autres Vaisseaux, en dedans des Isles de *Chamilli* le 10 Mai 1640 ; & après avoir atteint la hauteur du Cap *Abel* sur la côte Ouest-Nord-Ouest de la Californie à 26 degrés de latitude Septentrionale, & à 160 lieues Nord-Ouest un quart-Ouest des Isles de *Chamilli*, il s’éleva un vent frais & constant du Sud-Sud-Est ; & du 26 Mai jusqu’au 14 Juin, il arriva à la Rivière de *Los Reyes* sous la latitude de 53 degrés, n’ayant pas eu l’occasion de baisser la voile du Perroquet dans le cours de 866 lieues au Nord-Nord Ouest, sçavoir 410 lieues du Port *Abel* au *Cap Blanc*, & 456 lieues de cet endroit à *Rio de Los Reyes*. Le tems étoit fort beau pendant tout ce trajet, & il fit environ 260 lieues dans les canaux serpentans entre les Isles de l’Archipel de *S. Lazare* (ainsi nommé par l’Amiral de Fonte qui en avoit fait le premier la découverte) dans lequel ses Chaloupes précédoient d’un mille pour sonder la profondeur de l’eau, & pour connoître les sables & les rochers.

Le 22 Juin l’Amiral de Fonte dépêcha un de ses Capitaines à Pedro Bernardo, pour lui donner ordre de remonter une belle Rivière dont le courant est doux & l’eau profonde. Il la remonta d’abord au Nord & ensuite au Nord-Est, puis au Nord, enfin au Nord-Ouest, où il entra dans un Lac rempli d’Isles, & dans lequel il y avoit une grande presqu’Isle très-peuplée d’habitans d'un caractére doux & liant; il nomma ce Lac *Valafco*, & y laiffa fon Vaiffeau : en remontant la Rivière, il trouva par tout 4, 5, 6, 7 & 8 braffes d'eau. Tant les Rivières que les Lacs fournifloient en abondance des Saumons, des Truites & des Perches blanches, dont quelques-unes avoient deux pieds de longueur. Le Capitaine prit dans cet endroit trois longues Chaloupes Indiennes appellées dans leur langue *Periagos*, faites de deux gros arbres, & longues de 50 à 60 pieds; & ayant laiffé fon Vaiffeau dans le Lac *Valafco*, il fit voile dans ce Lac 140 lieues à l'Oueft, & enfuite 436 à l'Eft-Nord-Eft jufqu'à 77 degrés de latitude.

L'Amiral de Fonte après avoir dépêché le Capitaine Bernardo pour découvrir la Partie qui eft au Nord & à l'Eft de la Mer de Tartarie; fit voile lui-même dans une Rivière fort navigable qu'il nomma *Rio de los Reyes*, dont le lit étoit prefqu'au Nord-Eft, & changeoit plufieurs fois de rumb de vent pendant 60 lieues. A marée baffe, il trouva un Canal navigable qui n'avoit pas moins de 4 à 5 braffes de profondeur. La hauteur de l'eau, dans les deux Rivières, au tems de la marée, eft prefque la même. Il y a 24 pieds, dans la Rivière *de los, Reyes* à la pleine & à la nouvelle Lune. La Lune étant au Sud-Sud-Eft, y caufe le flux qui, dans la Rivière *de Haro*, monte jufqu'à 22 pieds & demi, à la pleine & la nouvelle Lune. Ils avoient avec eux deux Jéfuites, dont l'un accompagna le Capitaine Bernardo dans fa découverte, lefquels s'étoient avancés jufqu'au 66 degré de latitude Septentrionale dans leurs Miffions, & avoient fait des Obfervations fort curieufes.

L'Amiral de Fonte reçut une Lettre du Capitaine Bernardo datée du 27 Juin 1640, dans laquelle il lui marquoit qu'ayant laiffé fon Vaiffeau dans le Lac *Valafco*, entre l'Ifle *Bernarda*, & la prefqu'Ifle *Conibaffet*, il defcendoit une Rivière qui fort du Lac, & qui a trois cataractes dans l'efpace de 80 lieues, & qui tombe dans la Mer de Tartarie à 61 degrés; qu'il étoit accompagné du Pere Jéfuite & de 36 Naturels du pays dans 3 de leurs Chaloupes, & de 20 Matelots Efpagnols; que la Côte s'étendoit vers le Nord-Eft; que les provifions ne pouvoient pas leur manquer, le pays étant abondant en trois fortes de venaifon, & la Mer de même que les Rivières, étant fort poiffonneuffes; outre qu'ils avoient avec eux du pain, du fel, de l'huile & de l'eau-de-vie, & qu'il feroit tout ce qu'il lui feroit poffible pour cette découverte. L'Amiral étoit arrivé à une Ville Indienne

23

nommée *Conaffet* du côté du midi du Lac *Belle*, lorfqu'il reçut
cette Lettre du Capitaine Bernardo. C'eft un endroit fort agréable où les deux Peres Jéfuites étoient reftés deux ans dans leur
Miffion. L'Amiral entra dans ce Lac, avec fes deux Vaiffeaux, le
22 Juin, une heure avant la haute marée, à 4 ou 5 braffes d'eau,
& il n'y avoit ni chûte ni cataracte; & en général le Lac *Belle*
avoit 6 ou 7 braffes d'eau. Il y a une petite cataracte jufqu'à la
moitié du flux; & une heure & un quart avant la haute marée,
le flux commence à entrer doucement dans le Lac *Belle*. L'eau de
la Rivière eft douce au Port de *l'Arena*, à 20 lieues de l'embouchure ou de l'entrée de la Rivière *de los Reyes*. Cette Rivière,
de même que le Lac, a en abondance des Saumons, des Truites
faumonées, des Brochets, des Mulets & deux autres fortes de
poiffons qui font particuliers à cette Rivière, & qui font très-
bons. Le Lac *Belle* abonde auffi dans ces fortes de poiffons qui
font gros & délicats, & l'Amiral de Fonte affure que les Mulets
de la Rivière *de los Reyes*, & du Lac *Belle*, font plus délicats
qu'en aucun autre Port du monde.

Le 1 Juillet 1640, l'Amiral de Fonte ayant laiffé le refte de
fes Vaiffeaux dans le Lac *Belle*, dans un très-bon Port, couvert d'une belle Ifle, vis-à-vis la Ville de *Conaffet*, fit voile
jufques dans la Rivière de *Parmentiers*, qu'il nomma ainfi en
l'honneur de M. *Parmentiers*, l'un des Compagnons de voyage,
qui avoit fait une defcription exacte de tout ce qui étoit dans
cette Rivère & dans les environs. Nous avons paffé, (*c'eft toujours l'Amiral qui parle*), huit cataractes qui avoient en tout
32 pieds de hauteur perpendiculaire, depuis la fource de la
Rivière en fortant du *Lac Belle*. La Rivière coule dans un grand
Lac que j'ai appellé le *Lac de Fonte*, où nous arrivâmes le 6
Juillet. Ce Lac a 160 lieues de longueur fur 60 de largeur, fa
longueur s'étend de l'Eft-Nord-Eft à l'Oueft-Sud-Oueft. Il a 20
& 30 braffes, & même dans quelques endroits 60 braffes de
profondeur. Il abonde en Morues & en Merluches des meilleu-
res efpéces, qui font larges & fort graffes : il y a dans ce Lac
plufieurs grandes Ifles, & dix petites qui font couvertes d'ar-
briffeaux, & où la mouffe croît à 6 ou 7 pieds de hauteur, &
fert à nourrir en hyver un animal appellé *Moofe*, qui eft une
forte de Cerf fort grand, & d'autres Cerfs plus petits, comme
Daims, &c. Il y a beaucoup de Cerifes fauvages, des Fraifes,
des Mirtilles & des Grofeilles fauvages, de même que des Oifeaux fauvages, comme Coqs de Bruyère, Poules de Bois, Coqs

d'Inde & Perdrix, & des Oiſeaux de Mer en quantité , ſurtout du côté du Sud. Dans ce Lac eſt une grande Iſle très-fertile & bien peuplée, qui produit des bois de charpente excellens, comme Cheſnes, Freſnes & Ormes, outre les Sapins qui y ſont fort gros & élevés.

Le 14 Juillet nous fîmes voile de la pointe Eſt-Nord-Eſt du *Lac de Fonte*, & paſſâmes un Lac que je nommai *Eſtrecho de Ronquillo*(détroit de *Ronquillo*) qui avoit 34 lieues de longueur & 2 ou 3 de largeur, ſur 20, 26 & 28 braſſes de profondeur. Nous paſſâmes ce détroit en 10 heures de tems par un vent frais, & pendant le tems d'une marée. Faiſant voile plus à l'Eſt, le pays devint ſenſiblement plus mauvais, & tel qu'il ſe trouve dans l'Amérique Septentrionale & Méridionale depuis le 36e degré de latitude juſqu'aux extrémités du Nord & du Sud. La partie Occidentale diffère non-ſeulement en fertilité, mais auſſi en température de l'air, au moins de 10 degrés, & il y fait plus chaud qu'à l'Eſt, ſelon la remarque qu'en firent les Eſpagnols les plus habiles ſous le regne de l'Empereur Charles V. & de Philippe III. comme le rapportent Alvarès à Coſta & Mariana, &c.

Le 17 Juillet nous arrivâmes à une Ville Indienne dont les habitans dirent à notre Interprête, M. Parmentiers, qu'il y avoit un grand Vaiſſeau peu éloigné de nous, dans un endroit où jamais Vaiſſeau n'avoit paru ci-devant: nous fîmes voile vers ce Vaiſſeau, & y trouvâmes ſeulement un homme âgé & un jeune homme. Cet homme étoit le plus capable que j'aye jamais connu dans la partie des Mathématiques qui regarde la Méchanique. Mon ſecond contre-maître étoit Anglois, & excellent Marinier, de même que mon Canonier, leſquels avoient été faits priſonniers à *Campéche*, auſſi bien que le fils du Maître. Ils me dirent donc que ce Vaiſſeau étoit venu de la nouvelle Angleterre, d'une Ville appellée *Boſton*.

Le 30 Juillet, le Propriétaire du Vaiſſeau & tout l'équipage vinrent à bord. Le ſieur Shapely Capitaine du Vaiſſeau me raconta que le Propriétaire de ſon Vaiſſeau étoit un très-brave homme, & Major général de la plus grande Colonie qu'il y ait dans la nouvelle Angleterre, nommée *Matechuſets* : ainſi je l'ai conſidéré comme un galant homme, en lui diſant que quoique j'euſſe reçu ordre de déclarer de bonne priſe tous ceux qui cherchoient un paſſage au Nord-Oueſt ou de l'Oueſt dans la Mer du Sud, je voulois bien cependant les regarder comme des Marchands qui trafiquoient avec les Naturels du pays, pour avoir

des

des Caſtors, des Loutres & autres ſemblables peaux ou four-
rures ; & comme ſur cela, il me fit un petit préſent de provi-
ſions dont je n'avois pas beſoin, je lui fis auſſi préſent de ma
bague de diamant qui me coûtoit 1200 piéces de huit, laquelle
ce Gentilhomme par modeſtie eut bien de la peine à recevoir.
Je donnai auſſi au brave Navigateur, le Capitaine Shapely, pour
ſes belles Cartes & Journaux, 1000 piéces de huit, & encore au
Propriétaire du Vaiſſeau, Seimor Gibbons, un quarteau de bon
vin du Pérou, & 20 piéces de huit à chacun des dix Matelots.

Le 6 Août nous fîmes voile avec un très-bon vent, par le
moyen duquel, & à l'aide du courant, nous arrivâmes à la première cataracte de la Rivière *de Parmentiers*. Le 11 ayant fait
86 lieues, je me trouvai le 16 Août à la Côte méridionale du
Lac Belle à bord de nos Vaiſſeaux devant la belle Ville de *Conaſſet*, où nous trouvâmes toutes choſes en bon état ; les bonnes gens de *Conaſſet* ayant traité les nôtres avec beaucoup d'hu-
manité pendant notre abſence, & le Capitaine Ronquillo ayant
répondu par ſa conduite à leurs bonnes manières.

Le 20 Août un Indien m'apporta à *Conaſſet* ſur le *Lac Belle*,
une Lettre du Capitaine Bernardo, datée du 11 Août, dans
laquelle il me mandoit qu'il étoit de retour de ſon Expédition du
Nord, & m'aſſuroit qu'il n'y avoit point de communication de
la Mer Eſpagnole ou Atlantique par le Détroit de *Davis*, parce
que les Naturels du pays ayant conduit un de ſes Matelots à la
tête du Détroit de *Davis*, il l'avoit vû terminé par un Lac d'eau
douce d'environ 30 milles de circuit, ſur le 80e degré de latitude Septentrionale ; qu'il y avoit des montagnes prodigieuſes
vers le Nord, & qu'au Nord-Oueſt du Lac, il y avoit de la glace qui s'étendoit en Mer juſqu'au terme de cent braſſes de hauteur d'eau ; que cette glace pouvoit bien y avoir été depuis la
création du monde, vû que les hommes ne connoiſſent que fort
peu des ouvrages admirables de Dieu, particulièrement vers
les Pôles du Nord & du Sud. Il ajoûtoit qu'il avoit fait voile de
l'Iſle *Baſſet* au Nord-Eſt, & Eſt-Nord-Eſt, au Nord-Eſt un
quart à l'Eſt juſqu'au 79 degré de latitude, où il avoit remarqué que la terre s'étendoit au Nord, & que la glace reſtoit ſur
la terre.

Je reçus après une ſeconde Lettre du Capitaine Bernardo
datée de *Minhauſet*, par laquelle il me mandoit qu'il étoit arrivé le 29 Août au Port de l'*Arena* ; ayant monté 20 lieues de
la Rivière *de Los Reyes*, & qu'il y attendoit mes ordres. Ayant

D

donc bonne provifion de gibier & de poiffon , que le Capitaine Ronquillo avoit fait faler en mon abfence, comme je le lui avois ordonné, de même que cent tonneaux de bled d'inde ou maïs, je fis voile le 2 Septembre 1640, accompagné de plufieurs habitans de *Conaffet*, & le 5 du même mois, à 8 heures du matin, je jettai l'ancre entre *Porto de l'Arena* & *Minhaufet* , dans la Rivière *de Los Reyes* : enfuite defcendant cette Rivière, je me fuis trouvé dans la partie du Nord - Eft de la Mer du Sud ; & nous nous en fommes retournés dans notre pays , ayant trouvé qu'il n'y avoit point de paffage dans la Mer du Sud , par celui que l'on appelle le Paffage du Nord - Oueft.

La Carte démontrera le tout plus clairement.

Fin de la Lettre de l'Amiral de Fonte.

REMARQUES

Sur la Lettre & les Découvertes de l'Amiral de Fonte.

AUffitôt que j'eus publié en François la Lettre de l'Amiral de Fonte, l'on fe récria fur fa nouveauté, & quelques perfonnes ne la crurent pas authentique, parce qu'elle n'avoit été traduite que de l'Anglois. Tout le monde n'en a pas cependant penfé de même ; car en Angleterre, où cette Lettre eft connue depuis l'an 1708, y ayant été publiée pour la première fois dans un Ouvrage périodique, intitulé, Mémoires des Curieux pour les mois d'Avril & de May (1708.) il y a eu d'habiles Navigateurs intéreffés aux connoiffances de ces pays-là, qui ont fait en Amerique des recherches par lefquelles ils ont reconnu qu'il étoit affez vraifemblable que ce voyage fe foit réellement fait de la manière que la Lettre de l'Amiral de Fonte le dit. Il auroit fallu, pour convaincre tout le monde de la réalité de cette Relation, en montrer l'Original Efpagnol ; mais fans confidérer qu'il ne feroit pas impoffible que les raifons politiques de ces tems-là euffent engagé la Cour d'Efpagne à le fupprimer, pour tâcher d'en cacher la connoiffance ; on s'eft imaginé que parce que l'on n'a pû le trouver en Efpagne dans la préfente année & la précédente, qu'à caufe de cela, dis-je, ce voyage ne s'étoit pas fait, & que la Lettre de l'Amiral de Fonte avoit été forgée

à plaisir par quelque Anglois, sans qu'on puisse trop dire le dessein que l'on auroit eu dans une pareille fiction.

Les Anglois ont eu meilleure opinion de la bonne foi de
leur nation ; ils n'ont pas condamné si légerement cette Lettre
de l'Amiral de Fonte, sans s'être informés auparavant en Amérique, si l'on y pouvoit découvrir dequoi confirmer ou détruire
le prétendu voyage de l'Amiral de Fonte. Il est dit, au commencement de la Lettre de l'Amiral de Fonte, que les Vicerois de la N. Espagne & du Pérou ayant été avertis, par la Cour
d'Espagne que les différentes tentatives des Anglois, tant celles qui se firent sous le régne de la Reine Elizabeth & du Roi
Jacques, que celle du Capitaine Hudson, & du Capitaine James dans la 2e 3e & 4e année du régne du Roi Charles, avoient
encore été entreprises l'an 1639. la quatorziéme année du même Roi Charles, par quelques habiles Navigateurs de Boston
dans la nouvelle Angleterre, &c.

Les Espagnols se montroient par-là fort instruits de ce qui
s'entreprenoit par les Anglois pour la recherche du passage du
Nord-Ouest, jusqu'au malheureux Voyage du Capitaine Thomas James ou Jacques, qui fut obligé d'hiverner dans l'Isle de
Charleston l'an 1631. sous la latitude de 52°. sans avoir presque dequoi garantir son équipage de la rigueur du froid de cet
hiver : cette malheureuse expédition découragea si fort la Nation Angloise pour cette recherche, que l'on ne pensa de long-
tems à la continuer par des Vaisseaux partis d'Angleterre. Ce
ne furent que des Marchands & Négocians des Colonies des
terres Angloises & principalement ceux de Matechusets & de
Boston, qui les reprirent comme étant plus à portée d'y réussir.
Ce fut, suivant la Lettre de l'Amiral de Fonte (*v.p.* 25.) le Major
Général de Matechusets, nommé Seimot Gibbons, qui équipa un
Vaisseau dont il donna la conduite au Capitaine Shapely, qui
partit de Boston l'année 1639. avec dix Matelots. Ce Capitaine
prit sa route par le Détroit d'Hudson & parvint à la Côte Occidentale de la Baye de ce nom, où il fut rencontré l'année sui-
vante par l'Amiral de Fonte, qui étoit allé par la Mer du Sud
pour le dévancer de crainte qu'il ne trouvât le passage. Ce fait
que l'on ignoroit en Angleterre, parce que l'on n'y travailloit
point alors à la recherche du passage à la Mer du Sud par le
Nord-Ouest, ne fut sçu que par la Lettre de l'Amiral de Fonte ;
mais le Chevalier Arthur Dobbs, dans sa Relation des pays qui
environnent la Baye d'Hudson, publiée à Londres en 1744. *in* 4°.

dit *p.* 130. que par des informations qui ont été faites en Amérique, par l'ordre du Chevalier Charles Wager, au sujet du Capitaine Shapely, on a trouvé qu'il y avoit effectivement alors une perfonne de ce nom qui demeuroit à Bofton : ce qui (ajoute M. Dobbs) donne beaucoup de foi à la Lettre de l'Amiral de Fonte, & prouve qu'elle eft un Journal authentique.

L'on n'a pas fçu ni, d'Amérique ni d'Angleterre, ce qu'eft devenu ce Vaiffeau de Bofton, après la rencontre qu'en fit l'Amiral de Fonte, ce qui a fait foupçonner à M. Dobbs que dans fon retour, il aura été furpris par les Efquimaux, fur tout parce qu'il n'avoit que 12 à 13 hommes d'équipage. L'Ecrivain de la Californie, Vaiffeau commandé par le Capitaine Smith pour la découverte du paffage au Nord-Oueft en 1746. & 1747. dont on a publié la Relation en Anglois à Londres l'an 1749, en 2. *vol. in* 8°. foupçonne que les gens de l'équipage du Capitaine Shapely furent ces fix Matelots Anglois, qui, fuivant le rapport de M. Jéremie dans fa Relation de la Baye d'Hudfon, (*voyez* Rec. de Voyages au Nord *tom.* 5. *p.* 408.) furent trouvés par M. Groifeliers à l'embouchure de la Rivière de Nelfon appellée enfuite de Bourbon ; parce que M. Jéremie dit que ces fix Matelots avoient été dégradés par un Vaiffeau qui avoit armé à Bofton dans la nouvelle Angleterre ; & il rapporte comment ils avoient été dégradés ; à fçavoir, qu'étant arrivés fort tard & ayant jetté l'ancre à l'embouchure de la Riviere Bourbon, le Capitaine envoya fa Chaloupe à terre avec 5 hommes pour chercher un lieu d'hyvernement ; que la nuit il fit un fi grand froid que les glaces, qui defcendoient de cette Rivière entraînèrent le Vaiffeau, dont on n'a jamais oui parler.

L'Ecrivain de la Californie ajoute à ce récit (*voyez tom.* 2. *p.* 318. 2ᵈ. vice) que fi l'on fçavoit l'année que Groifeliers arriva à la Baye d'Hudfon, on feroit en état de mieux combiner ces circonftances ; qu'au refte il eft vraifemblable que l'équipage de Shapely a cherché à hyverner avant que de s'en retourner à Bofton, ayant rencontré un très-mauvais tems dans la Baye, comme il arrive ordinairement vers la fin d'Août ; car les mêmes vents (ajoute-t-il encore) qui furent fi favorables à l'Amiral de Fonte pour fon retour à Conaffet, doivent avoir été abfolument contraires à Shapely pour Bofton.

Le R. P. Charlevoix qui, dans fon Hiftoire Générale de la Nouvelle France, rapporte le même paffage de M. Jéremie fur ces fix Matelots Anglois dégradés d'un Vaiffeau de Bofton, met à l'année 1682. la rencontre de ces Anglois par Groiseliers (*voyez* p. 300 du 2ᶜ. *tom.* de l'édition 12°. à Paris 1744.) ce qui ne convient pas avec le tems de l'Amiral de Fonte, y ayant 42 années de différence : ainsi l'on ne peut pas dire que les Matelots du Capitaine Shapely font ceux dont parle M. Jéremie. L'on apprend feulement, par le détail des Voyages rapportés par le P. Charlevoix, & faits dans ce tems-là par les Anglois à la Baye d'Hudfon, qu'il en venoit de Bofton aufli bien que de l'Angleterre.

M. Henry Ellis, qui a donné la Relation Angloife du dernier Voyage des Anglois fait en 1746 & 1747. à la Baye d'Hudfon par le Capitaine Moore dans la Galiote Dobbs, eft du même fentiment, reconnoiffant que l'extrait que l'on a du Voyage de l'Amiral de Fonte, où il eft rapporté que le Capitaine Shapely fut pris dans un Vaiffeau de Bofton, ne contient rien qui ne foit fort croyable (*voyez* l'édit. Angl. de cette Relation publiée à Londres en 1748. 8°. p. 70.)

Je n'aurai pas beaucoup de peine à répondre à la principale objeétion que l'on fait contre cette Relation de l'Amiral de Fonte, fur ce que l'on ne l'a pû trouver en Efpagne dans aucunes Archives, quelque peine que l'on fe foit donnée pour cela, ces deux dernières années. J'ai dit ci-devant que cela pouvoit venir des mefures que l'on auroit prifes dès les commencemens pour la fupprimer; de la même manière qu'il eft rapporté dans Purehas (Liv. 3ᵉ p. 844.) que le Roi de Portugal avoit ordonné de fupprimer la Relation Portugaife imprimée en 1567. d'un Voyage fait 12 ans auparavant par Martin Chacke, qui avoit trouvé un chemin pour aller des Indes Portugaifes à la Mer du Nord, en paffant auprès de Terre-Neuve : ce qui a été attefté par un Pilote Anglois, nommé Thomas Cowles, qui avoit vû & entendu lire le Livre Portugais à Lifbonne par l'Auteur même, avant que ce Livre fût fupprimé.

L'on pourroit citer plufieurs pareils exemples de découvertes faites par les Efpagnols, dans les pays dont ils ont voulu cacher la connoiffance aux autres Nations, & pour lefquels les mefures ont été fi bien prifes dans le tems de ces découvertes, qu'ils ignorent eux-mêmes à préfent ce qu'ils fçavoient dans ces tems-là; d'où il peut arriver que, quelque envie qu'ils ayent de notre tems de s'en rappeller la connoiffance ; & quelque moyen qu'ils prennent pour cela , même par l'ordre du Souverain ; il ne leur foit pas poffible d'y réuffir, tandis que les Etrangers peuvent en avoir trouvé & confervé des Mémoires, & réunir affez de connoiffances pour découvrir ce qui en eft : c'eft ce que j'efpére prouver par la fuite de ces Mémoires, dans lefquels raffemblant toutes les connoiffances Géographiques que j'ai pû acquérir de ces Cantons, je ferai voir que ces Pays doivent être à peu près fitués de la manière que je les ai repréfentés d'après la Relation de l'Amiral de Fonte, tirée des Anglois.

Je ne défefpére pas cependant que je ne puiffe dans la fuite prouver d'une manière encore plus directe & inconteftable, l'authenticité de la Relation de l'Amiral de Fonte, au moins pour la plus grande partie ; mais en attendant je crois devoir rapporter ici l'extrait d'une Lettre de M. Antonio d'Ulloa, écrite d'Aranjuez le 18 Juin de la préfente année 1753. à Mrs Bouguer & le Monnier, en réponfe aux demandes qu'ils lui avoient faites au fujet de la Lettre de l'Amiral de Fuente. Ce curieux & habile Officier Efpagnol leur répond, que lorfqu'en 1742. il commandoit le Vaiffeau de guerre la Rofe, à la Mer du Sud, il avoit fur fon Bord un Lieutenant de Vaiffeau, nommé Don Manuel Morel, ancien Marin, qui lui avoit montré un Manufcrit, dont M. d'Ulloa avoue qu'il a oublié le nom de l'Auteur ; mais qu'il croit être Barthelemi de Fuentes, que l'Auteur de ce Manufcrit y rapportoit, qu'en conféquence d'un ordre qu'il avoit reçu du Viceroi, qui pour lors commandoit au Pérou, il avoit été au Nord de la Californie, pour reconnoître s'il y avoit un paffage qui donnât communication de la Mer du Nord avec celle du Sud ; mais qu'étant arrivé à une certaine latitude Nord, dont M. d'Ulloa ne s'eft pas fouvenu, & n'ayant rien trouvé qui l'indiquât, il avoit fait route pour retourner au Port de Callao &c. M. d'Ulloa ajoute qu'il a eu une copie de cette Relation ; mais qu'elle fut perdue lorfqu'il fut pris par les Anglois, au retour de fon voyage de l'Amérique.

Il arrivera peut-être quelque jour que cette Relation prife à M. d'Ulloa fera traduite & publiée en Anglois, tandis qu'elle fera ignorée & ne fe retrouvera plus en Efpagne ni en Amérique, de même qu'il eft arrivé à la Relation de l'Amiral de Fonte, qui fait le fujet de cette remarque.

Ce que je viens de rapporter de la Lettre de M. d'Ulloa, eft conforme à ce qu'il avoit dit de vive voix étant à Paris, il y a trois ans, avec cette différence, qu'il avoit dit pofitivement dans ce tems-là, que cette Relation qu'il avoit vûe au Pérou,

& dont il avoit pris copie , étoit de l'Amiral de Fonte. Une autre Personne aussi curieuse & aussi instruite que M. d'Ulloa , & qui a voyagé en Amérique & en Espagne , à qui l'on demanda l'année dernière , lorsqu'il étoit à Paris , si la Relation de l'Amiral de Fonte étoit aussi douteuse que quelques personnes le prétendoient , répondit qu'on en pouvoit tirer parti plus qu'on ne pensoit : & il a assuré très-positivement de l'existence de cette Relation , une Personne fort éclairée de l'Académie des Belles-Lettres , qui a pris part aux découvertes de l'Amiral de Fonte ; parce qu'il les a trouvé confirmées par les témoignages qu'il a tirés des Auteurs Chinois. V. Journ. des Sçav. Déc. 1752. 1re part. p. 812. in-4°. J'entrerai dans la fuite de ces Mémoires dans un plus grand détail de cette conformité ou confirmation des Terres marquées par l'Amiral de Fonte , avec ce qui s'en déduit , tant des Livres Chinois que des Voyageurs Européens. Il me suffit pour le present d'avoir donné des raisons plausibles de l'authenticité de la Relation de l'Amiral de Fonte , en attendant que je la prouve rigoureusement & en détail , autant que ces fortes de matières font susceptibles de pareilles preuves. Ainsi , sans m'arrêter d'avantage à examiner ce que l'on peut conclure de l'impossibilité ou de la difficulté de retrouver en Espagne , en Amérique ou ailleurs , le Manuscrit de l'Amiral de Fonte ; ou au moins à donner de plus fortes preuves qu'il a existé , j'ai crû qu'il étoit plus avantageux , pour l'avancement de la Géographie , d'admettre cette Relation que de la rejetter ; quand ce ne feroit que pour donner occasion de faire de nouvelles informations & recherches , & même d'entreprendre de nouveaux voyages dans ces endroits : ce qui feroit le meilleur moyen de nous assurer de ce qui en est. Partant de ce principe , je vais rapporter mes Remarques & Corrections sur la Lettre de l'Amiral de Fonte tirée de l'Anglois ; avec les réflexions qu'y ont faites les Anglois , qui pensent , de même que moi , que cette Relation n'est pas supposée.

La Lettre de l'Amiral de Fonte a été imprimée , comme j'ai dit , pour la première fois en Angleterre , l'an 1708. dans un Recueil de Piéces de différentes espèces , sans que l'on sçache d'où elle a été tirée. M. Dobbs l'a ensuite fait réimprimer , comme j'ai aussi dit , dans sa description des Pays adjacens à la Baye d'Hudson ; & enfin l'Ecrivain du voyage fait en 1746 & 47. à la Baye d'Hudson , par le Capitaine François Smith , a encore donné une troisième édition de cette Lettre , au second

Tome de la Relation de ce Voyage qui a paru à Londres en 1749. Il dit à la page 307 de ce second Tome, que cette Lettre de l'Amiral de Fonte a eu le même fort que toutes les autres Piéces publiées dans le même Recueil des Mémoires des Curieux ; c'eft-à-dire d'avoir un grand nombre de fautes qui ne fe trouvent point dans l'Original, & qui ne proviennent que de l'impreffion.

Ce troifiéme Editeur de la Lettre de l'Amiral de Fonte dit, en la donnant, qu'il a fuivi principalement M. Dobbs, qui n'a abrégé la première édition de cet Ouvrage, qu'en ce qui regarde la Californie, parce qu'il ne l'a pas jugé bien important, & qui a changé l'expreffion de la première perfonne à la troifième.

Pour ce qui eft du Manufcrit qui m'a été envoyé d'Angleterre il y a quatorze ans ; comme il eft plus étendu que celui qui a été imprimé le dernier, lequel s'eft conformé à l'édition de M. Dobbs ; il y a apparence que ce Manufcrit eft conforme à celui qui a fervi à la première édition de cette Lettre ; & que le Seigneur Anglois (le Lord Forbes à préfent Comte de Granard) qui me l'a fait connoître, a mieux aimé m'envoyer une copie de l'Original manufcrit, qu'un Exemplaire imprimé dans un Recueil d'autres Pièces.

Je dois encore faire obferver ici que M. Dobbs, qui foutenoit la poffibilité du paffage par la Baye d'Hudfon, & qui pour cela a fait réimprimer la Lettre de l'Amiral de Fonte, y a fait quelques Remarques & Notes qui tendoient à fon but. Le dernier Editeur de cette Lettre y a encore ajoûté fes propres Remarques, par lefquelles il a tâché de corriger le texte de l'Amiral de Fonte. J'ai confulté ces différentes Notes & conféré les deux dernières Editions Angloifes avec mon Manufcrit Anglois, par où j'ai reconnu que les différens Exemplaires que l'on a de cette Lettre, font affez conformes entr'eux dans le fond, & que la plûpart des difficultés que l'on y trouve, ne proviennent que de quelques erreurs primitives qu'il eft aifé de corriger, & qui ne doivent pas diminuer la confiance que l'on peut avoir fur l'Authenticité de cette Relation.

La nouvelle édition que je donne de la traduction de cette Lettre de l'Amiral de Fonte, m'exempte d'entrer dans la difcuffion de toutes les fautes que j'ai trouvées dans ma première édition, foit de la part du Manufcrit même comparé avec les éditions Angloifes, ou par les fautes de la première traduction que j'en avois fait faire en Ruffie, auffi-tôt après avoir reçu ce

Ma-

Manuſcrit d'Angleterre. Ainſi je me contenterai de rapporter les Réflexions & les Notes que l'on a faites, ou que l'on peut faire ſur cette Lettre, en citant les pages de ma nouvelle traduction.

Je ne m'arrêterai point aux nouvelles difficultés qui ſe préſentent dans la route abrégée que cet Amiral rapporte avoir faite depuis le Callao de Lima, lieu de ſon départ, juſqu'a ſon arrivée à la Californie : il marque quelques latitudes qui ſont un peu différentes de celles que l'on connoît à préſent ; ce qui n'eſt pas étonnant vû le tems auquel cet Amiral a fait ſon Voyage ; outre qu'il ne s'eſt propoſé d'indiquer dans ſa Relation ces Latitudes qu'à peu près, & la plûpart en nombres ronds. Il en faut dire de même des Rumbs de vent & des diſtances ; il paroît n'avoir voulu les déſigner qu'en général & à peu près ; & outre cela, il a pû s'y gliſſer quelque légère mépriſe ou faute de Copiſte ou d'impreſſion, dont il ſera auſſi facile de s'appercevoir que d'y remédier

Pour ce qui eſt des fautes les plus eſſentielles, qui paroiſſent être dans cette Relation ; je remarquerai qu'il y en a d'abord une, qui a frappé la plûpart des Lecteurs de ma première traduction ; c'eſt tout au commencement, où il eſt dit que le 7 Avril la Flotte arriva à la hauteur de Ste Helene à 200 lieues au Nord de la Baye de Guayaquil ; cette faute eſt de la traduction, elle a été cauſée par l'omiſſion d'une virgule dans le Manuſcrit : ce qui a fait rapporter la diſtance de 200 lieues à la Baye de Guayaquil ; au lieu que cette diſtance devoit être priſe, du lieu du départ ; & par conſéquent il faut corriger le texte de ma première traduction de la manière que je le donne à préſent. La dernière édition que l'on a de cette Lettre en Anglois n'a pû induire dans la même erreur, parce que l'on a omis d'y parler de cette diſtance de 200 lieues. Un peu plus loin il s'eſt gliſſé une ſemblable faute, où il eſt dit que les Vaiſſeaux jettérent l'ancre à l'embouchure de la Rivière de S. Jago à 80 lieues au Nord Nord-Oueſt, & à 25 lieues à l'Eſt tirant au Sud. Il faut concevoir que ces 25 lieues ſont priſes du Cap S. François à l'Eſt tirant au Sud ; mais que pour les 80 lieues au Nord Nord-Oueſt, dont il n'eſt fait mention que dans mon Manuſcrit, elles doivent être priſes du Cap Ste. Helene & qu'enfin par une faute du Copiſte on a mis le Nord Nord-Oueſt au lieu du Nord Nord-Eſt.

Le troiſième endroit de ma première traduction de la Let

tre de l'Amiral de Fonte que j'ai trouvé bien défectueux, est celui du commencement de la page 20. où après être arrivé au Port & à la Ville de Saragua ou Salagua, qui est voisine de celle de Compostella ; il est dit qu'ils y engagérent un Maître & six Matelots qui trafiquent des Perles à l'Est de la Californie, qui les pêchent sur un Banc qui a 19 degrés de latitude Septentrionale, plus que le Banc S. Jean, qui est à 24 degrés de latitude Septentrionale ; que ce Banc où se pêchent les Perles est à 20 lieues Nord Nord-Est du Cap S. Luc, qui est la pointe la plus Sud-Est de la Californie. Voilà de quelle manière on avoit pû traduire à la lettre le texte de l'Amiral de Fonte, sur mon Manuscrit ; mais dans la dernière édition de cette Lettre, au lieu de 19 degrés au Nord du Cap S. Jean, il y a 29 degrés de latitude Septentrionale pour le lieu où l'on pêche les Perles ; & il faut entendre que ce lieu est au Nord du Banc S. Jean, puisqu'il a une plus grande latitude que celle de ce Banc qui est de 24 degrés. Outre cela l'Auteur de cette dernière édition remarque qu'il y a une erreur dans la distance entre le Cap S. Luc ou Lucas & le Banc de S. Jean ; car mettant le Cap S. Lucas à la latitude de 22°. 25', comme il le fait, & le Banc de S. Jean à 24 degrés, il en résulte une différence en latitude de plus d'un degré & demi, qui répondent à plus de 20 lieues ; mais cette réflexion est de peu de conséquence, d'autant que les Géographes ne conviennent pas exactement sur la latitude du Port S. Jean, & que l'Amiral de Fonte n'y a pas été. Mais il y a dans ce passage une autre faute manifeste, tant dans l'Imprimé que dans le Manuscrit, lorsqu'il est dit que la situation du Banc de S. Jean, à l'égard du Cap S. Luc, est Nord Nord-Est, au lieu que l'on sçait que la Côte Orientale de la Californie & la Mer Vermeille court au Nord Nord-Ouest.

Voilà les principales erreurs que l'on peut remarquer sur la Relation de l'Amiral de Fonte dans le peu qu'il rapporte de sa route jusqu'à la Californie ; mais ce ne sont, comme l'on voit, que des méprises ou fautes de Copiste & de traduction, qui ne doivent pas empêcher de croire que l'Amiral de Fonte n'ait fait effectivement ce voyage, & qu'il n'ait été bien instruit de la route qu'il tenoit.

C'est dommage que l'Amiral de Fonte omette dans sa Relation de rapporter le succès de l'entreprise qu'avoit fait un des Capitaines de son commandement, D. Diego Penelossa, pour découvrir si la Californie étoit une Isle ou non ; ce qu'il

avoue que l'on ignoroit encore alors ; car ce jeune Seigneur
que l'Amiral de Fonte recommande pour son habileté dans la
Cosmographie & la Navigation , conduisant avec lui, outre son
Vaisseau, les quatre Chaloupes achetées à Realejo, & le Maître
& les Matelots engagés à Salagua, qui sans doute connoissoient
cette Mer ; ils n'ont pas dû manquer d'en faire la découverte
entière ; mais c'est ce dont l'Amiral de Fonte n'a pas jugé à
propos d'instruire sa Cour ; il s'est contenté de dire qu'il avoit
appris de ce Maître de Navire engagé à Salagua , qu'à 200 lieues
au Nord du Cap S. Luc, un Flux venant du Nord rencontroit
celui du Sud , & qu'il étoit sûr que la Californie étoit une Isle.
Lorsque je traiterai de la Californie en particulier, je tâcherai de
suppléer à ce silence de l'Amiral de Fonte , & j'examinerai si
cette Terre est une Isle ou non, ou si l'on peut accorder les
deux sentimens en disant qu'elle est tantôt une Isle , & tantôt
une presqu'Isle par le mouvement des eaux de la Mer de l'Ouest
que je place au Nord de la Californie ; car la Mer Vermeille
n'ayant que 200 lieues d'étendue , l'endroit où le flux venant
du Nord rencontre celui du Sud, ne peut être qu'au fonds de
la Mer Vermeille , & par conséquent ne peut être causé que
par une grande Mer qui seroit au Nord de la Californie.

On trouve une confirmation de ce sentiment , que la Californie est tantôt une Isle & tantôt une presqu'Isle , & cela
dans le Voyage fait à la Baye d'Hudson en 1746. par le Capitaine Moore , Tome 2. p. 216 & 217. de la traduction Fran-
çoise, où il est rapporté qu'un Voyageur venant depuis peu
d'une certaine Colonie des Hollandois dans les Indes Orientales, soit pour aller à la découverte, ou faire la contrebande, avoit
fait naufrage sur la Côte Septentrionale de la Californie , où il
avoit eu occasion d'observer que ce Païs étoit en même-tems
une Isle & une presqu'Isle, le petit Isthme qui la joint au Continent étant toujours submergé dans le tems des hautes marées.

· Me voici parvenu à la partie de la Relation de l'Amiral de
Fonte , où il va commencer à exposer les découvertes qui lui
sont propres , ou à aller dans des endroits inconnus avant lui ;
mais auparavant il faut corriger deux fautes d'impression qui
m'ont échappé dans une même ligne ; l'une d'avoir marqué
la latitude du Cap Abel de 20 degrés au lieu de 26 degrés qu'il
y a , tant dans mon Manuscrit Anglois, que dans sa traduction
& dans l'Imprimé ; & l'autre d'avoir omis à la suite de 160.
le mot de lieues. Outre ces deux fautes, il y en a une troisième

qui eſt dans mon Manuſcrit & dans l'Imprimé ſur le Giſement de la Côte de la Californie , où ſe trouve le Cap Abel ; lequel Giſement eſt marqué Oueſt Sud-Oueſt , au lieu que l'on ſçait que la Côte Occidentale de la Californie, dont il eſt ici queſtion, court à l'Oueſt Nord-Oueſt. Toutes ces fautes ſont corrigées dans la Nouvelle Traduction que je donne à préſent.

Enſuite de ces corrections, on peut ſuivre l'Amiral de Fonte dans la longue traverſée de 866 lieues , qu'il dit avoir faites, au Nord Nord-Oueſt , depuis le Cap Abel juſqu'à Rio de los Reyes , en paſſant par le Cap Blanc. Il met cette Rivière à 53°. de latitude Septentrionale.

L'Ecrivain du Voyage du Capitaine Smith à la Baye d'Hudſon , trouve que le Rumb de vent que l'Amiral de Fonte a ſui-vi & le chemin qu'il a fait de 410 lieues du Port Abel au Cap Blanc ſont juſtes ; mais à l'égard des 456 lieues du Cap Blanc à la Rivière de Los Reyes , comme l'Amiral dit en avoir fait 260. dans les Canaux ſerpentans entre les Iſles de l'Archipel de S. Lazare ; cet Ecrivain a crû , avec raiſon , que cette ſeconde partie du chemin n'a pû ſe faire toute entière ſuivant le même Rumb de vent , ſurtout étant arrivé à la latitude de 53°. & c'eſt ce qu'il a exprimé ſur ſa petite Carte , qui eſt la ſeconde de mon Recueil.

Pour ce qui eſt de moi , j'ai donné au Continent qui eſt au Nord de la Californie la direction & l'étendue de 198 lieues qu'exige la route de l'Amiral de Fonte , depuis le Cap Blanc juſqu'au commencement de l'Archipel de S. Lazare ; ce com-mencement ſe trouve par ce moyen répondre à la latitude de 50 degrés. Je crois que le Continent tourne enſuite vers l'Eſt , après quoi il change de direction , ce qui a obligé l'Amiral de Fonte de faire vers l'Eſt les 260 lieues qu'il dit avoir faites dans les Canaux ſerpentans de l'Archipel de S. Lazare, juſqu'à ce qu'il fût arrivé à la Rivière de Los Reyes ſous la latitude de 53°.

Pour continuer de tirer de la Lettre de l'Amiral de Fonte tou-tes les autres circonſtances Géographiques des Païs qu'il a par-courus, il faut rapprocher enſemble toutes les circonſtances des mêmes lieux qu'il rapporte en différens endroits de ſa Lettre. Il dit (page 22.) qu'il fit voile dans la Rivière qu'il avoit nommée Rio de Los Reyes , dont le lit étoit preſque au Nord-Eſt & changeoit pluſieurs fois de Rumb de vent pendant 60 lieues ; il parle enſuite (page 23.) du Port de l'Arena qui eſt à 20 lieues de l'embouchure ou de l'entrée de la Rivière

de Los Reyes ; il dit la même chofe , à la fin de la page 25.
en parlant de l'un de fes Officiers (le Capitaine Bernardo qu'il
avoit envoyé faire des recherches ailleurs) à fçavoir qu'après les
avoir faites , il étoit arrivé au Port de l'Arena , ayant monté 20
lieues de la Rivière de Los Reyes : c'eft ce qui m'a fait placer
le Port de l'Arena dans la Rivière même à 20 lieues de fon embouchure.

L'Amiral de Fonte arriva enfuite à une Ville Indienne nommée Conaffet du côté du Midy du Lac Belle, qui eft un endroit fort agréable où deux Pères Jéfuites étoient reftés deux
ans en Miffion (page 23.). Il dit un peu plus loin (*V.* ibid.)que
dans le Lac Belle il y a un très-bon Port couvert d'une belle
Ifle , vis-à-vis la Ville de Conaffet ; cette Ifle & cette Ville
font marquées fur ma Carte dans la fituation que lui donne
l'Amiral de Fonte fur le Lac Belle.

Il paroît , par le dernier article de l'Amiral de Fonte , qu'il
y a encore dans ce quartier là une autre Ville Indienne nommée
Minhaufet qui eft fur la Rivière de Los Reyes ; je l'ai placée
entre Conaffet & le Port de l'Arena , parce que trois jours
après que l'Amiral fut forti de Conaffet (dans fon retour) , il
jetta l'ancre entre le Port de l'Arena & Minhaufet , & puis def-
cendit la Rivière &c.

Après ces détails Géographiques dans lefquels j'omets les
profondeurs & le courant des eaux , comme auffi les Marées
dont je ferai un article à part ; il faut traverfer avec l'Amiral
de Fonte le Lac Belle & la Rivière de Parmentiers. En cinq
jours de tems , du premier Juillet au 6, il avoit traverfé ce Lac
& cette Rivière depuis la Ville de Conaffet jufqu'à l'entrée du
Lac de Fonte , dans lequel tombe la Rivière de Parmentiers.
(page 23.) C'étoit avec fes grandes Barques à voiles , puif-
qu'il dit qu'il avoit laiffé le refte de fes Vaiffeaux dans le Lac
Belle , & l'on fçait qu'il n'avoit alors que deux Vaiffeaux : il ne
dit point combien il fit de chemin dans ce trajet , ni fuivant
quel Rumb de Vent ; mais dans le retour il met 86 lieues entre
la première Cataracte de la Rivière de Parmentiers & la Côte
Méridionale du Lac Belle : ce qu'il fit également en cinq jours
de tems entre le 11 & le 16 Août (page 25.). Pour ce qui eft
du Rumb de vent fuivant lequel il traverfa le Lac Belle &
la Rivière de Parmentiers , quoiqu'il ne dife point quel il étoit
en allant ni en revenant ; on peut conjecturer que c'étoit environ le Nord-Eft en allant ; & cela fur ce que le cours de la

Rivière de *Los Reyes* avoit son lit presqu'au Nord-Est, quoiqu'il changea plusieurs fois de Rumb de vent (page 22.) & que la longueur du Lac de Fonte s'étend de l'Est Nord-Est à l'Ouest Sud-Ouest (page 24). Je n'ai donc pas dû faire difficulté de donner à la Rivière de Parmentiers la direction du Nord-Est ; & de placer sous le même Rumb de vent, le Lac Belle, en partageant environ également le nombre de 86 lieues pour la longueur de la Rivière de Parmentiers, & celle du Lac Belle. L'Auteur de la petite Carte dont j'ai parlé dans mon Avertissement en a usé à peu près de même dans sa Carte ; (*voyez* Carte 2.) avec cette différence qu'il a mis la petite Isle, qui est vis-à-vis de Conasset, au milieu du Lac ; au lieu que la Relation de l'Amiral de Fonte dit qu'elle est à la partie méridionale de ce Lac ; mais il paroît que cet Ecrivain n'a pas voulu entrer dans de pareils détails sur sa Carte, comme il n'a pas non plus marqué la petite cataracte qui est dans le Lac Belle jusqu'à la moitié du flux (page 23) non plus que les 8 cataractes de la Rivière de Parmentiers qui n'avoient en tout que 32 pieds de hauteur perpendiculaire, depuis la source de la Rivière en sortant du Lac Belle (*Voyez* ibid.). Cette remarque fait voir de quel côté la Rivière de Parmentiers coule du Lac Belle dans le Lac de Fonte, ainsi que je l'ai marqué sur ma Carte par la direction d'une petite fléche.

A l'égard des eaux du Lac Belle, comme elles coulent en partie dans la Rivière *de Los Reyes*, & en partie dans celle de Parmentiers, cela indique qu'il doit y avoir un grand courant d'eau venant du Nord, à peu près comme je l'ai marqué sur ma Carte : ces eaux viennent apparemment du Lac Bernardo, & peut-être aussi en partie du Lac Velasco ; mais de quelque endroit qu'elles viennent, l'on voit assez la raison pour laquelle l'Amiral de Fonte n'en a point fait mention, puisqu'il n'avoit dessein que de rapporter ce qui se trouvoit en son chemin, en passant promptement de *Rio Los Reyes* à la Rivière de Parmentiers ; sçachant d'ailleurs par la description qu'en avoit faite auparavant M. Parmentiers, que cette route étoit le plus court chemin pour aller à la rencontre du Vaisseau du Capitaine Shapely, parti l'année précédente de Boston.

L'Amiral de Fonte entra le 6 Juillet dans le Lac auquel il donna son nom : il dit que ce Lac a 160 lieues de longueur sur 60 de largeur ; que sa longueur s'étend de l'Est-Nord-Est à l'Ouest-Sud-Ouest ; qu'il y a dans ce Lac plusieurs gran-

des Ifles & 10 petites; que dans ce Lac eft une grande Ifle
très - fertile & bien peuplée , &c. (page 24.). J'ai fuppofé
que ce fût fuivant fa longueur que l'Amiral de Fonte ait
traverfé ce Lac , à l'Eft-Nord- Eft ; & j'y ai mis à peu près
le nombre d'Ifles grandes & petites qu'il y marque. L'Ecrivain
dont j'ai parlé ci-deffus, a pris de même le fens de la Lettre de
l'Amiral de Fonte , avec cette différence qu'il n'a mis dans ce
Lac aucune des Ifles que l'Amiral de Fonte y a comptés.

Le 14 Juillet : l'Amiral de Fonte fit voile de la pointe Eft-
Nord-Eft du Lac de Fonte , & paffa un autre Lac qu'il nomma
le Détroit de Ronquillo qui avoit 34 lieues de longueur fur 2
ou 3 de largeur ; il paffa ce Détroit en 10 heures de tems par
un vent frais & pendant le tems d'une marée (*Voyez* ibid.): il
ne dit pas en cet endroit quel Rumb de vent il fuivit ; mais
comme il marque enfuite qu'en faifant voile plus à l'Eft, le pays
devint fenfiblement plus mauvais , &c. on peut croire que le
Lac , nommé le Détroit de Ronquillo, avoit à peu près la direction de l'Eft, qui eft celle que je lui ai donnée dans l'étendue
de 34 lieues.

C'eft ici à peu près le terme des découvertes de l'Amiral de
Fonte , ou le lieu jufqu'où il s'eft le plus avancé : car quoiqu'il
dife qu'il foit arrivé le 17 Juillet à une Ville Indienne dont les
Habitans dirent à fon Intérprête, M. Parmentiers, qu'il y avoit
un grand Vaiffeau peu éloigné d'eux , dans un endroit où jamais Vaiffeau n'avoit paru auparavant, & qu'ils firent voile
vers ce Vaiffeau ; comme c'étoit le 17 qu'ils arrivèrent à cette
Ville Indienne peu éloignée du lieu où étoit le Vaiffeau Anglois ; & qu'ils étoient partis le 14 de la pointe Eft-Nord - Eft
du Lac de Fonte ; & qu'enfin ils avoient employé 10 heures à
paffer le Détroit , ou Lac de Ronquillo, qui avoit 34 lieues
de longueur ; & cela par un vent frais & pendant le tems
d'une marée ; il fuit de toutes ces circonftances réunies enfem-
ble , que le 17 ils ne devoient pas être fort loin de l'extrêmité
du Lac de Ronquillo, où ils trouvèrent la Ville Indienne , &
le Vaiffeau Anglois. Si l'Amiral de Fonte étoit entré dans un
plus grand détail de fa route , & s'il avoit défigné la fituation
de cette Ville Indienne à l'égard du Lac de Ronquillo, comme
auffi le chemin qu'il a fait pour aller jufqu'au Vaiffeau Anglois ;
j'aurois pû marquer cette route plus exactement fur ma Carte: à ce
défaut j'ai cru devoir mettre la Ville Indienne dont il eft ici quef-

tion auprès du Lac de Ronquillo, un peu au - delà de 65 degrés de latitude.

Ce lieu répond près des Côtes de la Baye d'Hudson, un peu au Midy de la Baye de Wager, où il est fort vraisemblable que le Vaisseau de Boston soit venu pour chercher le passage à la Mer du Sud. L'Ecrivain de la Californie a fait répondre dans sa Carte le Détroit de Ronquillo environ à 62. de latitude Septentrionale ; il a écrit vis - à - vis, que c'est à cet endroit que le Capitaine Shapely a été rencontré. Mais cet Ecrivain n'a pas représenté sur sa Carte la Côte de la Baye d'Hudson, pour que l'on puisse reconnoître vers quel endroit à peu près le Vaisseau de Boston a pû se trouver ; c'est à quoi j'ai cru devoir suppléer dans la copie que je donne ici de sa Carte, sur laquelle j'ai marqué d'un trait plus léger la Côte de la Baye d'Hudson ; afin que l'on pût voir vers quel endroit de cette Baye s'est faite, suivant cet Auteur, la rencontre de l'Amiral de Fonte avec le Capitaine Shapely. Il est vrai que l'Ecrivain de la Californie dit dans ses notes sur la Lettre de l'Amiral de Fonte, qu'il n'a pas prétendu donner les distances & situations qu'il représente sur sa Carte pour absolument exactes, & qu'il ne les a rapportées que pour faire voir que la Mer de Ronquillo est derrière la Baye d'Hudson, & qu'elle ne doit pas même en être fort éloignée : circonstance (ajoûte - t - il) qui rend l'avanture de la rencontre de Shapely fort croyable , & qui donne en même - tems une forte présomption que ces deux Mers se trouvant si proches l'une de l'autre, elles doivent avoir quelques communications, quoique l'on ne s'en soit pas apperçu jusqu'à présent.

M. Dobbs, dans sa description des Pays adjacens à la Baye d'Hudson , croit que le Vaisseau Anglois de Boston, avoit pû passer par une des ouvertures qui se trouve près de Whale-Cove, qui est un golfe de la Baye d'Hudson sur la latitude de 62°. $\frac{1}{2}$. Ce qui est d'autant plus croyable qu'il est dit dans la Relation du Voyage fait à la Baye d'Hudson, en 1746. & 1747. par le Capitaine Moore (tom. 1. p. 118.) que le nommé Wilson, qui avoit été envoyé par la Compagnie, pour trafiquer à Whale - Cove avec les gens du pays, déclara à Churchill, qu'ayant eu la curiosité d'entrer parmi les Isles qui sont près de Whale - Cove, il avoit trouvé que l'ouverture s'élargissoit vers le Sud - Ouest, & devenoit à la fin si large qu'on ne voyoit plus la terre ni d'un côté ni d'autre.

Pour ce qui est de moi, trouvant que l'extrêmité du Lac de
Ronquillo

Ronquillo jufqu'où s'eft avancé l'Amiral de Fonte, & d'où il eft allé à voiles, jufqu'au Vaiffeau Ang ois, répondoit vers e 6,e degré de latitude, environ à la Baye de Wager & à une aur e ouverture, entre les Caps Mackkey & Tomptfon, je n ai pas fait de difficulté de joindre ces 2 Bayes ou ouvertures avec le Lac de Ronquillo, comme fi j'étois fûr qu'il y eût un paffage ou deux dans cet endroit: c'eft ce dont cependant on ne fera affuré que lorfque les Anglois auront furmonté toutes les difficultés qu'ils ont trouvées jufqu'en 1746. & 1747. pour découvrir ce paffage & le franchir.

Je n'ai pas voulu interrompre, dans ces remarques, la Relation de l'Amiral de Fonte fur les pays qu'il a parcourus, pour les diftinguer de ceux qu'il a fait découvrir par le Capitaine Pedro Bernardo dans la partie du Nord-Eft de la Mer de Tartarie; c'eft de ceux - ci qu'il me refte à parler Ce Capitaine commandoit le Vaiffeau de guerre nommé le Rofaire ; mais il eft dit (*Voyez page* 22) qu'il prit en route, pour fon Voyage particulier, 3 longues Chaloupes Indiennes appellées, dans la Langue du Pays, *Peringos* faites de 2 gros arbres, & longues de 50 à 60 pieds, &c.

Ce Capitaine fuivit l'Amiral jufqu'au 22 Juin, qu'il eut ordre de remonter une belle Rivière dont le courant eft doux & l'eau profonde ; il la remonta d'abord au Nord, & enfuite au Nord Nord-Oueft, puis au Nord - Oueft où il entra dans un Lac rempli d'Ifles, & dans lequel il y avoit une grande prefqu'Ifle très-peuplée; il nomma ce Lac Valafco, & il y laiffa fon Vaiffeau : en remontant la Rivière, il trouva par - tout 4. 5. 6. 7. & 8. braffes d'eau, &c.

L'Amiral de Fonte parle peu après (*Ibid. p.* 22.) d'une Rivière qu'il nomme Rivière de Haro, que l'on peut croire être celle qu'il avoit donné ordre au Capitaine Bernardo de remonter ; mais il ne parle pas davantage de cette Rivière, fi ce n'eft que la hauteur de l'eau au tems des marées y eft prefque la même que dans la Rivière *de Los Reyes* (*Ibid. p.* 22.) Comme c'étoit peu avant que cet Amiral eût remonté lui - même la Rivière *de Los Reyes*, qu'il donna ordre au Capitaine Bernardo de remonter l'autre Rivière; cela peut faire croire que ces deux Rivières ont leurs embouchures affez proches l'une de l'autre, celle de Haro, étant occidentale à l'autre. Par conféquent celle de Haro aura fon embouchure à 56 degrés de latitude Septentrionale; le Rumb de vent de cette Rivière en remontant e

F

défigné, comme je viens de dire au Nord, &c. mais il n'eſt pas dit combien le Capitaine Bernardo fit de lieues en la remontant : ce n'eſt donc qu'à peu près que l'on peut marquer l'étendue de cette Rivière.

Le Capitaine Bernardo écrivit enſuite à l'Amiral de Fonte le 27 Juin (5 jours après avoir reçu ſes ordres) qu'ayant laiſſé ſon Vaiſſeau dans le Lac Valaſco, entre l'Iſle Bernardo & la preſqu'Iſle Conibaſſet, il avoit deſcendu une Rivière qui ſort du Lac, & qui a trois cataractes dans l'eſpace de 80 lieues, & qui enfin tombe dans la Mer de Tartarie, à 61°. de latitude; qu'il étoit accompagné d'un Pere Jéſuite & de 36 Naturels du Pays dans trois de leurs Chaloupes, & de vingt Matelots Eſpagnols; que la Côte s'étendoit vers le Nord-Eſt. Comme ce n'étoit que 5 jours après que le Capitaine Bernardo avoit reçu ſes ordres de l'Amiral de Fonte, qu'il écrivit cette Lettre, & que ſuivant ſon rapport il avoit déja pendant ces 5 jours remonté la Rivière de Haro, parcouru une partie du Lac Valaſco avec ſon Vaiſſeau qu'il avoit laiſſé au Port de Conibaſſet, pour deſcendre, dans des Chaloupes, l'autre Rivière qui ſort de ce Lac, & qui a 3 cataractes dans l'eſpace de 80 lieues, &c. l'on juge bien ſur tout cela, que dans le tems qu'il écrivit cette Lettre, il ne pouvoit pas être fort avancé dans la Mer de Tartarie, ni fort au-delà de cette Rivière qui s'y jettoit ſous la latitude de 61°. & que par conſéquent la Côte dont il parle qui s'étendoit vers le Nord-Eſt, ne pouvoit être que voiſine de l'embouchure de cette Rivière : c'eſt ce qui m'a fait continuer dans cette direction la Côte au-delà de cette Rivière qui tombe dans la Mer de Tartarie. Et j'ai donné à cette Rivière le nom du Capitaine Bernardo qui en a fait la découverte; comme auſſi à la partie du grand Lac qu'il a parcouru pendant 436 lieues à l'Eſt Nord-Eſt juſqu'à 77°. de latitude, & je n'ai réſervé le nom de Lac Valaſco qu'à la partie de ces grandes eaux que cet Officier parcourut d'abord, de 140 lieues d'étendue à l'Oueſt, où il laiſſa ſon Vaiſſeau entre l'Iſle Bernardo & la preſqu'Iſle de Conibaſſet, avant de deſcendre la Rivière de Bernardo (*Voyez page 22.*) Le reſte de l'Expédition du Capitaine Bernardo ſe voit par la Lettre qu'il écrivit à l'Amiral de Fonte datée du 11 Août, dont cet Amiral rapporte l'extrait: il lui mandoit qu'il étoit de retour de ſon Expédition du Nord, & qu'il l'aſſuroit qu'il n'y avoit point de communication de la Mer Eſpagnole ou Atlantique par le Détroit de *Davis*, parce que les Naturels du Pays ayant conduit un de ſes Matelots à la tête du Détroit de *Davis*, il l'avoit vû terminé par un Lac d'eau douce d'environ 30 milles de circuit sur le 80°. degré de latitude Septentrionale ; qu'il y avoit des montagnes prodigieuses vers le Nord, & qu'au Nord-Ouest du Lac il y avoit de la glace qui s'étendoit en Mer jusqu'au terme de cent brasses de hauteur d'eau ; que cette glace pouvoit bien y avoir été depuis la création du monde, vû que les hommes ne connoissent que fort peu des Ouvrages admirables de Dieu, particulièrement vers les Pôles du Nord & du Sud. Il ajoutoit qu'il avoit fait voile de l'Isle Basset au Nord-Est & Est Nord-Est, un quart à l'Est jusqu'au 79 degré de latitude, où il avoit remarqué que la terre s'étendoit au Nord, & que la glace restoit sur la terre. (p. 25.)

Cette dernière route du Capitaine Bernardo depuis l'Isle Basset, m'a fait continuer le Lac Bernardo jusqu'à la latitude de 79°. & marquer au fond de la Baye de Baffin, sous la latitude d'environ 80 degrés, une petite Baye pour représenter le Lac d'eau douce, jusqu'où l'on avoit conduit l'un des Matelots du Capitaine Bernardo ; j'ai aussi marqué au Nord de cette Baye les hautes montagnes de glace que ce Matelot y a vûes. Ce que le Capitaine Bernardo nomme la tête du Détroit de *Davis*, est sans doute le fond de la Baye de Baffin, puisque l'on y entre par le Détroit de *Davis*, & que ce Capitaine a regardé la Baye de Baffin comme une continuation du Détroit de *Davis*. Pour ce qui est de l'Isle Basset, comme sa situation n'est pas marquée, je lui en ai donné une à ma fantaisie ; aimant mieux en user ainsi, que de ne la point marquer du tout.

Voilà le compte que j'avois à rendre de la nouvelle Carte que je présente ici des Pays découverts par l'Amiral de Fonte & ses Capitaines ; surquoi on remarquera que, de même que l'on a vû ci-devant que le terme, jusqu'où s'est avancé l'Amiral de Fonte au Détroit de Ronquillo, où il a trouvé le Vaisseau venu de Boston, répond à la Baye d'Hudson auprès de l'eau de Wager ; de la même manière le dernier terme du Voyage du Capitaine Bernardo répond à la Baye de Baffin, vis-à-vis le Détroit de l'Alderman Jonas : ainsi de la même manière que l'Amiral de Fonte paroît conclure assez mal sa Relation, en disant qu'il n'y a pas de passage dans la Mer du Sud par celui que l'on appelle le passage du Nord-Ouest ; l'on en peut dire autant de ce qu'assure le Capitaine Bernardo, qu'il n'y avoit pas de communication par le Détroit de *Davis*, puisque l'on sçait que l'on a pû naviguer jusqu'au fonds de la Baye de Baffin, où sont les

Détroits de l'Alderman Jonas & de Jacques de Lancastre.

Il ne me reste plus qu'à dire un mot de la manière dont s'accordent les découvertes de l'Amiral de Fonte avec celles des Russes. On voit que le terme Oriental de la navigation du Capitaine Tchirikow & de mon Frère répond à une Côte qui joint les embouchures des Rivières de Haro & Bernardo.

C'est sur de nouvelles connoissances acquises l'année dernière, que j'ai joint l'embouchure de la Rivière Bernardo avec une longue Côte qui tourne autour de la pointe la plus Septentrionale & Orientale de l'Asie, en laissant entre deux un grand passage de près de cent lieues de large, par lequel la Mer Septentrionale de Tartarie ou la Mer Glaciale, communique avec celle du Sud.

J'ai appris en même-tems que la grande Côte, qui termine ce Canal à l'Orient, avoit été vûe de fort loin par M. Spanberg dès l'année 1728, lorsqu'il étoit Lieutenant du Capitaine Beerings dans son premier Voyage. Les Russes s'en sont ensuite approchés de plus près en 1731. comme j'ai dit ci - devant (p. 16.) Mais comme je suis informé présentement que ce continent est fréquenté par les Russes, qui en apportent de très - belles fourures ; c'est d'eux que l'on doit principalement attendre d'être informé exactement de la situation & de l'étendue de ces nouveaux Pays ignorés jusqu'à présent ; mais il faudroit pour cela que la Cour de Russie y envoyât de bons Pilotes & Astronomes, pour determiner exactement la longitude & la latitude.

Ces découvertes seroient des plus importantes, puisqu'elles nous assureroient de l'existence de ces grandes terres marquées sur ma première Carte suivant la Lettre de l'Amiral de Fonte, & fixeroient l'incertitude dans laquelle j'ai été pour en marquer exactement la situation & l'étendue, à cause de la brieveté & des autres défauts de la Relation de l'Amiral de Fonte.

Il seroit aussi à souhaiter que la Cour de Russie entreprît d'achever la découverte de la grande Isle que l'on voit sur ma Carte à cent lieues de l'Orient du Kamachatka entre les latitudes de 51 & 59 degrés, dont le Capitaine Beerings a eu connoissance dès l'année 1726, par tous les indices que j'ai rapportés dans mon Mémoire, lû à l'Académie le 8 Avril 1750. (Voyez p. 13.) Mon Frère de la Croyere & le Capitaine Tchirikow sur le Vaisseau duquel il étoit, approchèrent assez près de cette Isle le 20 Septembre 1741. pour y voir des Habitans qui vinrent à eux, chacun dans un petit Bateau semblable à ceux des Groenlandois ou des Esquimaux. Cette grande Isle n'a peut-être pas moins de 100 ou 150 lieues d'étendue, puisque les Côtes en ont été vûes par le Capitaine Tchirikow, & mon Frère à leur retour de l'Amérique plusieurs jours de suite avant que d'être arrivés au lieu dont je viens de parler, qu'ils trouvèrent sous la latitude de 51°. 12′ & distant de 12°. environ à l'Orient du Port d'Avatcha, qui fut le terme de leur navigation.

C'est encore une découverte qui paroît réservée aux Russes, que celle des Côtes Septentrionales de la Terre vûe par Don Jean de Gama, en allant de la Chine à la Nouvelle Espagne. Cette Terre a été marquée, pour la première fois que je sçache, dans la Carte Marine de Jean Teikeira, Cosmographe du Roi de Portugal dressée en 1649, dont l'Original Manuscrit a été trouvé dans une Carraque Portugaise par M. de la Grand-Maison, qui avoit commandé 4 ou 5 ans des Vaisseaux pour le Roi de Portugal à la Côte d'Angola. M. Thevenot à qui cette Carte Manuscrite fut communiquée l'a fait graver de la même grandeur que l'Original, & l'a inserée dans la seconde partie de ses Recueils de Voyages, publiée à Paris l'an 1664.

Teikeira ne marque sur sa Carte que la Côte Méridionale de cette Terre avec quelques Isles à l'Occident; mais ayant vû à Londres en 1724. chez M. Hansloane, les Cartes Japonoises qu'il avoit achetées des héritiers de Kempfer, dont quelques-unes me furent envoyées à Petersbourg plusieurs années après, y ayant vû, dis-je, une assez grande Isle, qui par sa situation ne pouvoit être que la Terre de Jean de Gama; je n'ai pas fait de difficulté de la terminer du côté du Septentrion, comme l'on voit sur ma Carte, & d'ajouter à sa partie Orientale quelques moindres Isles marquées dans les Cartes Japonoises. J'entrerai dans la suite dans un plus grand détail sur ce sujet, en rapportant, dans des articles à part, l'Histoire de la découverte de chaque endroit particulier représenté sur mes nouvelles Cartes.

De la Mer de l'Ouest.

L'une des nouveautés que l'on voit sur ma Carte est la figure que je donne à la Mer de l'Ouest, découverte & parcourue dès l'an 1592. par Jean de Fuca : j'avois déja marqué cette Mer sur la Carte manuscrite que je montrai à l'Académie pendant la lecture de mon Mémoire, dans l'Assemblée publique du 8 Avril 1750; & j'en avois tracé le dessein tel que M. Bua-

che l'a fait graver dans la Carte des nouvelles découvertes, &c.
Mais comme dans cette Carte une partie des Pays découverts
par l'Amiral de Fonte étoient placés de 10°. trop au Nord, cela
m'avoit fait élever la Côte Septentrionale de la Mer de l'Ouest
jusqu'à 60°. de latitude, au lieu que, dans la nouvelle Carte que je
donne à présent, je termine cette Mer à 52°. $\frac{1}{2}$ de latitude
Nord; mais avant de rapporter les raisons qui m'ont déterminé
à lui donner l'étendue & la figure qu'elle a sur ma nouvelle
Carte, il faut faire l'Histoire de la découverte, & rapporter les
preuves que l'on a eues jusqu'ici de son existence & de son
étendue.

J'ai dit que ce fut Jean Fuca qui fit la découverte de cette
Mer & qui y navigua : il étoit Grec de Nation, & né à Cépha-
lonie. Il y avoit près de 30 ans qu'il servoit la Cour d'Espagne
en qualité de Pilote, lorsqu'étant dans le Gallion qui revenoit
des Isles Philippines & de la Chine, aux environs de la Nouvelle Espagne, ce Vaisseau fut pris & pillé au Cap St. Lucas
de la Californie le 9 Novembre 1587, par le Capitaine Anglois
Thomas Candisch.

Le Capitaine Candisch étoit entré, comme l'on sçait, dans
la Mer du Sud par le Détroit de Magellan, & avoit fait tout le
dommage qu'il avoit pû aux Espagnols, en brûlant & pillant
leurs Villes & leurs Vaisseaux, comme avoit fait 10 ans auparavant François Drak. Ceux-ci, pour se mettre à couvert de pareilles entreprises, & surtout dans l'appréhension que les Anglois ne parvinssent à entrer dans la Mer du Sud par la Route
du Nord - Ouest, qu'ils cherchoient depuis plusieurs années,
résolurent de chercher eux - mêmes par la Mer du Sud, s'il y
avoit un passage à celle du Nord, & de le fortifier, pour empêcher les Anglois de s'en servir.

Jean de Fuca y fut employé comme Pilote, dans l'un des 3
Vaisseaux que le Viceroi du Pérou y envoya avec cent hommes armés; mais ce premier Voyage n'ayant pas réussi, par la
mutinerie des Soldats, &c. le Viceroi du Pérou l'envoya seul
l'an 1592. dans une petite Caravelle qui n'étoit montée que de
Matelots. Ayant parcouru la Côte de la Nouvelle Espagne & de
la Californie, il parvint jusqu'à la latitude de 47°. où il trouva
que la terre tournoit au Nord - Est, avec une grande ouverture
entre 47 & 48 degrés. Il y entra, & y fit voile pendant plus de
20 jours, & trouva que la terre tournoit encore quelquefois
Nord-Ouest, Nord-Est & Nord, comme aussi Est & Sud-Est.

Cette Mer étoit beaucoup plus large qu'à l'entrée ; il trouva dans cette Mer plusieurs Isles par lesquelles il passa, & entr'autres il en remarqua une grande à l'entrée sur la Côte Nord-Ouest, avec un rocher très-haut, semblable à une Colonne.

S'étant approché de terre en plusieurs endroirs, il y vit des Peuples vêtus de peaux, & il lui parut que la terre étoit très-fertile comme la Nouvelle Espagne ; il la crut même riche en or, argent, &c. Enfin ayant trouvé cette Mer fort étendue de tout sens, & large de 40 lieues dans l'embouchure du Détroit par lequel il étoit entré ; il y navigua si loin qu'il crut être arrivé dans la Mer du Nord, & par conséquent avoir achevé la découverte pour laquelle il avoit été envoyé : ce qui le détermina à s'en retourner, d'autant plus que n'étant pas armé, il ne se crut pas assez fort pour résister aux Sauvages qui auroient pû arriver. Il fit donc voile pour s'en retourner à la Nouvelle Espagne, & arriva à Acapulco l'an 1592, espérant de recevoir une grande récompense du Viceroi pour la découverte.

Il se rendit à Mexico, où il fut effectivement bien reçu par le Viceroi, avec promesse d'une bonne récompense ; mais ayant attendu 2 ans sans obtenir ce qu'il souhaitoit, le Viceroi lui dit qu'il seroit bien récompensé en Espagne par le Roi-même, & le pria d'y aller : ce qu'il fit.

Il fut aussi bien accueilli du Roi d'Espagne qu'il l'avoit été du Viceroi du Mexique, mais seulement en paroles ; ce qui fit qu'après avoir attendu long-tems sans rien obtenir, il s'enfuit sécretement d'Espagne pour s'en retourner par l'Italie chez lui, parmi ses parens & Compatriotes. Ce fut en route qu'il fut rencontré à Venise au mois d'Avril 1596. par un Navigateur Anglois, nommé Michel Lock, avec lequel il convint de s'offrir à la Cour de la Reine Elisabeth, pour conduire les Anglois dans la Mer qu'il avoit découverte. Différens accidens en retardèrent l'exécution pendant 6 ans, après lesquels ce Pilote, Jean de Fuca, mourut dans sa Patrie. L'on trouve ce récit attesté par Michel Lock, dans la collection des Voyages Anglois de Purchas, tom. 3e. p. 849.

C'est sur cette Relation que j'ai marqué le passage Septentrional de la Mer de l'Ouest dans la Mer du Sud, sous la latitude de 47°. à 48°. comme on le voit dans la première Carte que je publie à présent, que j'avois fait graver au mois de Septembre de l'année dernière ; & comme cette situation avec celle des Terres découvertes par l'Amiral de Fonte, ne m'a pas permis d'élever la Côte Septentrionale de cette Mer de l'Ouest au-delà du 52 ou 53e. degré, c'est à cette latitude que j'ai terminé la Mer de l'Ouest. Je rapporterai en particulier dans des articles séparés, les raisons que j'ai eues de lui donner, à cette Mer de l'Ouest, l'étendue que l'on voit sur ma Carte, tant à l'Orient qu'au Sud, & cela lorsque je parlerai des découvertes faites par terre, tant à l'Ouest du Canada & de la Louisiane, qu'au Nord de la Californie & du nouveau Mexique.

Il me reste à dire sur quel fondement on doit placer, comme je l'ai fait dans ma Carte, une autre entrée à la Mer de l'Ouest dans celle du Sud, sous la latitude de 43. degrés.

On lit, dans l'Ouvrage Espagnol intitulé la *Monarquia Indiana*, par le Frère Jean de Torquemada, de l'Ordre de Saint François, Liv. 5. Chap. 45. que Philippe II. Roi d'Espagne, s'étoit déterminé à faire découvrir les Côtes de la Californie, sur l'avis que certains Etrangers lui avoient donnés, qu'ils avoient passé de la Mer du Nord à celle du Sud, par le Détroit d'Anian, lequel est au - delà du Cap Mendocin, & qu'ils y avoient vû une grande Ville, &c.

Le Cap Mendocin fut ainsi nommé en l'honneur de Don Antoine de Mendoce, premier Viceroi de la Nouvelle Espagne; & la découverte s'en fit par 3 Vaisseaux qui, dans leur retour des Philippines, y arrivèrent à la hauteur d'environ 42°. Dans la route que les Espagnols firent, depuis ce Cap jusqu'au Port de la Nativité (dans la Nouvelle Espagne sous la latitude de 19°. ½.) tout parut être terre ferme : ce qui ayant été rapporté au Viceroi, au retour de ces 3 trois Vaisseaux ; il ordonna que l'on découvrît tout le détail de cette Côte jusqu'au Cap Mendocin. Mais on ne put d'abord arriver plus loin que le Cap San Jago, que l'on appelle depuis le Cap de la Magdelaine, qui est à la hauteur de 25° ; les Vaisseaux qui faisoient cette recherche ayant été assaillis à cette hauteur par un vent Nord-Ouest, diamétralement opposé à la Navigation qu'ils avoient entreprise.

Ce n'a été que sous le 9e. Viceroi de la Nouvelle Espagne, Don Gaspard de Cuniga & Acebedo, Comte de Monterey, que l'on a continué à connoître en détail les Côtes de la Californie, suivant les Ordres qu'il avoit reçus de la Cour d'Espagne de pousser ces recherches. Il fit préparer trois Bâtimens dont il nomma pour Amiral, le Capitaine Toribio - Gomes de Corvan, Personnage d'expérience, & qui méritoit toute confiance;

fiance ; il lui donna pour Compagnon le Général Sébaftien Vizcayen , qu'il fit Capitaine Général de cette expédition, parce qu'il avoit le plus de connoiffance de ces Terres , où il avoit été dès l'année 1594. Enfin, fans marquer tout le refte de la difpofition que l'on fit pour cette recherche , il me fuffira de dire , que les trois Bâtimens que l'on y employa , furent le Capitaine nommé San-Diego , l'Amirante S. Thomas, & la Frégate les trois Rois , qui partirent d'Acapulco le 5 Mai 1602, prenant la route du Cap Mendocin. Je ne rapporterai pas non plus ce qu'ils firent en chemin , réfervant ce détail pour l'article dans lequel je traiterai de la Californie en particulier ; il me fuffira de dire ici qu'ils arrivèrent le 16 Décembre à un bon Port, qu'ils nommèrent le Port de Monterrey , qui eft fous la latitude de 38 à 39 degrés.

A ce Port, l'un des vaiffeaux (l'Amirante,) les quitta pour s'en retourner à la Nouvelle Efpagne ; mais les deux autres continuèrent leur route jufqu'au 19 Janvier, que le Capitaine arriva à un Cap fous la latitude de 42°. qui étant auprès de Montagnes couvertes de Neiges, fut appellé le Cap Blanc de S. Sébaftien ; ce lieu eft un peu au-delà du Cap Mendocin, qui eft à 41° $\frac{1}{2}$ de latitude. Ce fecond vaiffeau n'alla pas plus loin que le Cap blanc de S. Sébaftien , d'où il s'en retourna pour Acapulco : il n'y eut que la Frégate (Les trois Rois) qui arriva le 19 Janvier à la latitude de 43°. où elle trouva que la côte tournoit au Nord-Eft. L'Enfeigne Martin d'Aguilar qui la commandoit, vit à cette latitude une Rivière (ou détroit) très-navigable , dont les bords étoient couverts d'une grande quantité d'arbres ; mais voulant entrer dans cette embouchure , il lui fut impoffible de le faire , à caufe de la rapidité de cette Rivière , & de la violence des courans : c'eft ce qui l'obligea à retourner à Acapulco, comme avoient fait les autres Bâtimens ; outre qu'ils étoient expofés à un mauvais tems & à un grand froid. Comme j'ai jugé que cette entrée appartenoit à la Mer de l'Oueft, je n'ai pas fait de difficulté de l'y rapporter , & de la marquer fur ma Carte , comme une fortie de cette Mer dans celle du Sud. Ce fut là le terme des découvertes des 3 Vaiffeaux envoyés par le Comte de Monterrey , dont les Inftructions ne portoient pas qu'ils allaffent plus loin au Nord ; & c'eft ce qui détermina cette Frégate à s'en retourner lorfqu'elle fut arrivée à la latitude que je viens de dire ; outre qu'elle y fut encore obligée par la quantité des malades qui étoient à bord.

G

Cette entrée découverte par Martin d'Aguilar, sous la latitude de 43 degrés, est celle qui termine les connoissances que feu mon Frère le Géographe a euës au Nord de la Californie; on la voit sur sa Carte générale de l'Amérique, publiée en 1722. il termine la Californie au Nord, par le Cap Blanc de S. Sébastien, qu'il met à la latitude de 43 degrés, après lequel il fait tourner la côte de la Californie au Nord-Est, comme le dit Jean de Torquemada : mais mon Frère, pour exprimer l'entrée découverte par Martin d'Aguilar, a mis au Nord de la Californie, un petit bout de côte sous la latitude de 45 degrés, ce qui forme une entrée qui est beaucoup plus large, que ne comportent les termes de la Relation. J'ai rapporté dans l'Avertissement de ces Mémoires (V. pag. 5.) ce que j'avois trouvé dans les papiers & les Cartes manuscrites de feu mon Frère le Géographe, qui pouvoit servir à indiquer la connoissance qu'il avoit de la Mer de l'Ouest dès l'année 1595, & j'ai promis de publier le Mémoire que mon Frère avoit composé peu après, pour prouver l'existence de cette Mer. C'est la Piéce qui va suivre. J'ai crû devoir la publier avant de parler en particulier dans des articles séparés, du progrès des découvertes des François & des Espagnols dans ces Pays là ? ce que mon Frère indique fort en général dans le Mémoire que l'on va lire.

CONJECTURES

Sur l'exiſtence d'une Mer dans la partie Occidentale
du Canada & du Miſſiſſipi.

Par G. DELISLE, *de l'Académie Royale des Sciences.*

LE feu Roy LOUIS XIV. ayant toujours témoigné qu'il avoit à cœur la découverte de la partie Occidentale de la Nouvelle France, j'ai cru que je ferois une choſe utile à l'État, ſi je donnois quelques lumières pour cette découverte, en montrant qu'il y a une Mer dans ces endroits là, & que l'on peut eſpérer d'aller par cette route juſques dans la grande Mer du Sud ; ce qui ouvriroit aux François un nouveau chemin à la Chine & au Japon, qui eſt une choſe que l'on cherche depuis ſi long-tems.

Comme la preuve de ma propoſition dépend en partie de la ſituation de Quivira, la premiere choſe que je crois devoir établir, eſt cette ſituation ; & pour cela je ſuppoſe que le nouveau Mexique eſt à l'endroit où toutes les Cartes le mettent : ce qu'il ſeroit bien aiſé de prouver, ſi l'on en doutoit, puiſque tout le monde le met au Nord de la nouvelle Eſpagne.

Cela ſuppoſé, Quivira doit être auſſi à la même longitude, ou approchant. Il eſt vrai qu'Herrera le met à l'Orient du nouveau Mexique, & que Benavides, qui a demeuré pluſieurs années dans le nouveau Mexique, dit la même choſe ; & que pour y aller de ce Pays-là, il faut paſſer chez des Peuples appellés Apaches Vaqueros, c'eſt-à-dire, Indiens des Vaches, qui habitent à ce qu'il dit, dans de fort grandes plaines ; mais Gomara, en décrivant la route que tint Vaſq Coronat en y allant, le fait tirer vers le Nord, & met Quivira environ à 40 degrés de latitude ; & comme cet Auteur a parlé plus poſitivement que les autres, c'eſt auſſi celui auquel je me ſuis fixé.

Après ces témoignages, il ne faut pas s'arrêter à la ſituation de Quivira, marquée ſur quelques Cartes, à la partie Septentrionale & Occidentale de la Californie. Auſſi Purchas dit-il, que ces Cartes ne valent rien , & que Quivira y eſt fort mal placé; & cela a été confirmé par le Comte de Peñaloſſa , qui a été Viceroi du Mexique , & qui a publié ici que Quivira étoit au Nord du nouveau Mexique , & que c'étoit une erreur de le mettre à l'Oueſt.

La Mer, dont je veux prouver l'exiſtence eſt à Quivira ; & je ne crois pas que l'on en puiſſe douter, puiſqu'au rapport de Gomara, les Eſpagnols la virent, lorſqu'ils allèrent à Quivira, & qu'ils virent même des vaiſſeaux ſur la côte. Jean de Laet , en parlant du Voyage de Vaſq Coronat , dit que les Habitans de Cibola, qui ſont un peu à l'Occident du nouveau Mexique, vont chercher des cuirs à huit journées de chez eux ; & Ramuſius qui rapporte auſſi ce Voyage, dit, que les plaines dans leſquelles ils les vont prendre , ſont du côté de la Mer, qui ſera, ſans doute , cette même Mer qui baigne les côtes de Quivira.

Nicoloſi , dans ſon Hercule Sicilien, marque auſſi une Mer au Nord du nouveau Mexique, ſur laquelle il a placé Quivira. Je ne ſçai quels ſont les Mémoires qu'il a ſuivis ; mais on m'a aſſuré qu il avoit eu communication de ceux que l'on envoye à la Congrégation de la Propagande.

Il y a de l'apparence que ce qui a rendu cette Mer ſi peu connue , a été le ſoin que les Eſpagnols ont pris de la cacher aux autres Nations de l'Europe. On voit néanmoins que les Anglois en ont eu quelque connoiſſance ; car Purchas, aſſure que les Sauvages du Midi & de l'Occident de la Virginie leur en ont parlé , & qu'un Anglois nommé Derner, s'étoit mis en devoir de l'aller chercher. Cela eſt confirmé par ce qui eſt dit dans la Relation de la Nouvelle France de l'an 1640 ; que les François de Canada , prirent cette année là un Anglois à Kinibeki en Acadie , lequel, ayant appris, diſoit il, que l'on pouvoit aller au nouveau Mexique, par une Mer qui eſt au Nord de ce Pays, viſitoit toute la côte depuis deux ans, pour voir s'il ne trouveroit point quelque Rivière, ou quelque Lac, qui le conduisît chez des Peuples qui euſſent plus de connoiſſance de cette Mer.

Mais comment, me dira-t-on, peut-il y avoir une Mer ſi voiſine de la Nouvelle France, ſans que les François, qui y ſont établis, en ayent eu connoiſſance ? Je réponds à cela, qu il y a déja long-tems qu'ils en ont eu des avis ; mais que la négligence, ou peut être la difficulté, les a empêchés de s'en éclaircir.

La Relation de la Nouvelle France de l'an 1632. rapporte que les Nipiſſiriniens alloient une fois l'année à la traite chez une Nation éloignée d'eux d'environ un mois de chemin, & là, venoit auſſi trafiquer un certain Peuple, qui y abordoit par Mer avec de grands bateaux.

Dans la Relation de 1641. les Anciens de la Nation neutre, qui étoit voiſine de celle des Hurons, diſent avoir connoiſſance d'un Peuple en Occident, vers lequel ils alloient faire la guerre; que ce peuple n'étoit pas fort éloigné de la Mer, & que les Habitans y pêchoient les Vignots, qui ſont une eſpèce d'huitres, dont l'écaille ſert à faire ce qu'ils appellent de la porcelaine.

Dans une autre Relation de l'an 1659, & 1660. on lit que les Sauvages, qui habitent la pointe la plus Occidentale du Lac ſupérieur, aſſurent qu'ils ont la Mer de trois côtés, ſçavoir, au Nord, à l'Oueſt, & au Sud. Or, cette Mer qu'ils trouvent à l'Oueſt, ne peut être que celle dont je parle.

Dans la Relation de 1669, & 1670. le P. Marquette qui travailloit alors à la Miſſion des Outaoüacs, dit avoir appris que dans le Pays des Aſſinipoils (cette Nation étoit alors à 15 ou 20 journées à l'Oueſt de la pointe du S. Eſprit.) il y a une grande Rivière qui mene à cette Mer de l'Oueſt, & qu'un Sauvage lui avoit dit, qu'étant à l'embouchure de cette Rivière, il y avoit vû quatre grands canots à la voile.

Dans cette même Relation, le P. Dablon, Supérieur de cette Miſſion des Outaoüacs, parle auſſi de cette grande Rivière, par laquelle on deſcend à la Mer d'Oueſt, & du Sauvage, qui a vû les quatre vaiſſeaux. Il ajoûte que cette Rivière par laquelle on deſcend dans la Mer, eſt à huit journées de ſa Miſſion; & que ſelon les Sauvages, elle va & vient bien avant dans les terres : ce qui ſignifie, dit-il, à leur maniere de parler, qu'il y a flux & reflux; qu'enfin la Mer n'eſt qu'à deux cens lieuës de ſa Miſſion vers le couchant; & que l'on ſçait ces choſes par le rapport de pluſieurs Sauvages, dont les dépoſitions s'accordent parfaitement.

Pour les Nadoüeſſis, que nous appellons préſentement les Sioux, ils devoient connoître cette Mer de l'Oueſt : car ils diſent dans la Relation de l'an 1666. qu'ils ſont preſque au bout du monde; qu'à la vérié il y a encore d'autres Peuples vers le Soleil couchant appellés Karézi; mais qu'au-delà de ces Peuples la terre eſt coupée, & qu'il n'y a plus qu'un grand Lac dont les eaux ſont puantes. C'eſt la manière dont les Sauvages s'expriment, quand ils parlent de la Mer.

Ceux qui ont travaillé dans ces derniers tems, à la découverte de la Rivière de Miſſiſſipi, ont auſſi oui parler de cette Mer. M. Joliet, qui fut envoyé l'an 1673. par M. de Frontenac pour faire cette découverte, préſenta à ſon retour une Carte, dont j'ai la copie, ſur laquelle il a écrit que, par l'une des grandes Rivières, qui viennent à l'Oueſt, & ſe déchargent dans le Miſſiſſipi, on pourroit trouver paſſage pour aller à la Mer; qu'à 20 journées par terre de cette Rivière de Miſſiſſipi, il y a une Nation qui a commerce avec des Peuples, qui leur donnent des haches; & que, s'il étoit arrivé deux jours plutôt, il auroit parlé à ceux-mêmes qui avoient apporté quatre de ces haches.

Le Pere Marquette, dont j'ai parlé, & qui étoit avec M. Joliet dans cette découverte, parle plus préciſément du chemin: car il dit dans ſa Relation que les Sauvages l'avoient aſſuré que, quand on a remonté pendant cinq ou ſix jours la Rivière des Oſages, ou des Miſſouris, on trouvoit une belle prairie de 20 ou 30 lieuës de long; que, quand on l'avoit traverſée en allant au Nord-Oueſt, on rencontroit une petite Rivière ſur laquelle on pouvoit s'embarquer, qui avoit ſon cours vers le Sud-Oueſt durant 12 ou 15 lieuës; qu'après cela elle entroit dans un petit Lac; & que de ce Lac ſortoit une autre Rivière fort profonde, qui alloit à l'Oueſt ſe décharger dans la Mer. Cette Mer ne ſçauroit être une autre Mer que celle dont je parle.

Quand M. de la Salle a continué la découverte du Miſſiſſipi, il a été accompagné par deux Recollets, le P. Zenobe & le Père Hennepin, qui ont tous deux parlé de cette Mer. Le premier rapporte que les Sauvages aſſurèrent ledit ſieur de la Salle, que la Rivière des Oſages, ou des Miſſouris, étoit formée par beaucoup d'autres, & peuplée de quantité de grands Villages, & de beaucoup de Nations différentes; qu'il y avoit des terres & des prairies, & une grande chaſſe de bœufs & de Caſtors; qu'on la remontoit juſqu'à une montagne d'où toutes les Rivières, qui la forment, tirent leur origine, & qu'au-delà de cette Montagne, étoit une Mer où l'on voyoit de grands Navires.

Le P. Hennepin qui s'eſt retiré en Angleterre, & enſuite en Hollande, dans l'Hiſtoire qu'il a faite de cette découverte par ordre de Guillaume III. Roi d'Angleterre, & des Etats Généraux, aſſure que, ſi on veut le renvoyer dans ce Pays-là, il trouvera un paſſage commode pour ſe rendre de la Louiſiane dans la mer du Sud, par des Rivières capables de porter de gros vaiſſeaux, & qui ſont ſituées au-delà du Miſſiſſipi ; & avoue qu'il aſpire après cette découverte, comme après l'une des plus belles & des plus mémorables, qui ſe pourroient faire.

J'ai la copie d'une Carte manuſcrite de M. de Louvigny, (qui a commandé en Canada pendant pluſieurs années) faite par lui ſur ſes propres connoiſſances, & ſur les Relations de pluſieurs François qui étoient allés avec M. de la Salle. Sur ceſte Carte, il marque auſſi une Rivière. Il l'appelle la Rivière de l'Oueſt. Il dit qu'elle coule du côté des Eſpagnols, & qu'elle tombe dans la Mer.

J'ai appris de M. le Sueur, qui a demeuré long-tems chez les Sioux, que les Panis habitent ſur les bords d'un Lac, d'où ſort une grande Rivière nommée Meſchaſipi, qui coule vers l'Oueſt ſans qu'on ſçache où elle tombe. Il y a apparence que cette Rivière eſt la même que celle dont le P. Marquette a parlé, & qu'elle ſe va jetter dans la Mer. Cette Mer ne doit pas être éloignée de ces endroits, puiſque le même M. le Sueur m'a dit que les Sioux, étant allés à 15 journées vers l'Oueſt, pour faire la guerre à d'autres Nations, trouvèrent dans ce Pays des Fortereſſes ſur le bord de la Mer, dans leſquelles ils virent des gens, comme nous, avec des robes de chambre, & qui vendoient des couteaux différens des nôtres.

Enfin la tradition des Illinois porte qu'ils étoient autrefois établis ſur cette Mer de l'Oueſt ; mais qu'ils en ont été chaſſés par leurs ennemis.

Que l'on ne diſe pas que cette Mer ſoit la mer Vermeille de Californie, & que c'eſt là que cette Rivière d'Oueſt ſe doit décharger, comme le croyent la plûpart de ceux qui en parlent ; car c'eſt faute d'avoir examiné les diſtances & les obſervations, qu'ils parlent de la ſorte. M. de la Salle lui même croyoit bien autrefois que la Rivière du Miſſiſſipi ſe rendoit dans cette Mer de Californie ; & M. Joliet a cru que c'étoit des Peuples de Californie de qui venoient les haches dont j'ai parlé ; mais il doit y avoir plus de 400 lieuës de cette Rivière de l'Ouest jusqu'à cette Mer ; & l'on voit bien que ce n'est pas de la même Mer dont parlent les Sauvages , ni que ce soit avec ceux de Californie qu'ils trafiquent.

Ce sont là les raisons qui me font croire qu'il y a une Mer à l'Ouest de la Rivière de Mississipi , qui n'est pas éloignée des Peuples qui nous sont connus. Il est vrai que presque tout cela ne roule que sur le rapport des Sauvages ; mais il n'est pas possible que tant de différentes personnes , dans des tems & des lieux si différens , se soient accordés pour nous tromper, n'ayant aucun fruit à espérer de leur mensonge.

Il faut voir présentement si cette Mer peut être de quelque utilité aux François; & je ne crois pas que l'on en puisse douter, si l'on suppose qu'elle a communication avec la grande Mer du Sud , ni que l'on doive révoquer en doute cette communication, si l'on se souvient de ce que j'ai dit ci-dessus touchant les grands vaisseaux que l'on y a vûs ; car enfin ces vaisseaux ne sçauroient être des canots des Amériquains.

L'Anglois nommé Derner, dont j'ai déja parlé , n'entreprenoit la découverte de cette Mer , que sur le bruit que quelques Navires étrangers y étoient arrivés chargés de toute sorte de marchandises, vases & ustenciles, qui ne sont pas en usage chez les Amériquains. Il me paroît que ces vaisseaux venoient du Japon, ou de quelqu'autre Pays Oriental , & qu'ils avoient peut-être été jettés dans ces endroits par quelque tempête. Gomara dit que ceux que les Espagnols virent à Quivira , avoient des vergues dorées, & des prouës argentées ; qu'ils étoient chargés de marchandises , & que l'on crut qu'ils étoient venus du Cathai, ou de la Chine. Et les Nipissiriniens dont j'ai parlé disoient que les marchandises, que ces étrangers apportoient, étoient des haches faites en queue de perdrix , des bas avec des souliers attachés ensemble , souples néanmoins comme un gand & autres choses, qu'ils changeoient avec des pelleteries ; & que ces Etrangers n'avoient ni barbe , ni cheveux, ce qui faisoit qu'on les appelloit têtes pelées ; & qu'ils avoient fait entendre qu'ils seroient bien aise de voir des François sur la peinture que les Sauvages leur faisoient d'eux.

Le P. Hennepin dit que les grandes vûes de M. de la Salle , ne rouloient que sur l'espérance qu'il avoit de trouver la Mer du Sud. Enfin, il semble que les avantages que le tems & l'expérience.

périence pourroient faire tirer de cette Mer, foient un motif fuffifant pour hafarder cette découverte, & pour s'affurer de cette conjecture, ou pour la détruire.

Peut-être fera-t-on bien aife de fçavoir quelle route il faudroit tenir, pour faire cette découverte avec plus de certitude.

Il me femble que, fi on alloit par le Canada, la Rivière de Miffouri feroit la route la plus fûre, fûr-tout en prenant langue des Aouia qui connoiffent, felon M. de Louvigni, une Nation qui trafique fur cette Mer; & en confultant encore les Panis qui étoient, du tems de M. le Sueur, à la fource de cette Rivière de l'Oueft.

Si l'on venoit par l'embouchure du Miffiffipi, il faudroit s'adreffer aux Cenis, parmi lefquels, du tems de M. d'Iberville, il s'étoit retiré des Efpagnols, les uns blancs, les autres mulâtres, chaffés de Quivira par les Sauvages. Les Chomans que l'on trouve dans ces quartiers-là, pourroient encore donner quelques éclairciffemens; car il y a de l'apparence que ce font les mêmes, que ceux que les Efpagnols appellent Xumanes, qu'ils difent être du côté de Quivira, ou qu'ils en font une Colonie.

Pour la diftance qu'il y a de Quivira au nouveau Mexique, je ne fçaurois la déterminer au jufte, à caufe de quelque différence qu'il y a fur cela dans les Auteurs. Je crois néanmoins qu'il peut y avoir environ 80 ou 90 lieuës de l'un à l'autre; & j'en juge par le tems que Vafq Coronat employa pour fe rendre du nouveau Mexique à Quivira.

Je crois enfin que cette Mer communique à la mer du Sud, par un détroit fitué environ au 43e degré de latitude près du Cap le plus Septentrional de la Californie, & ce qui me porte à le croire, eft ce que dit Jean de Torquemada en décrivant la découverte que les Efpagnols ont faite de ce Cap.

Cet Auteur rapporte que le Comte de Monterrey, Viceroi du Mexique, envoya une Flotte pour reconnoître les côtes de ce Pays; que Martin d'Aguilar, Capitaine de Frégate, fut féparé par les vents du refte de la Flotte; qu'il fut le premier qui doubla le Cap Mendocin; qu'environ 30 lieuës plus loin, il découvrit, par la hauteur de 43 degrés, une pointe à laquelle il donna le nom de Cap Blanc; qu'au-delà de ce Cap, la côte commence à décliner plus à l'Eft; que près de ce Cap, eft une entrée fûre & navigable; que Martin d'Aguilar prit cette entrée pour l'embouchure d'une grande Rivière ; mais que c'eſt un détroit de Mer qui mene à une grande ville nommée Qui-vira ; que ce Capitaine voulut faire entrer la Frégate dans ce Détroit ; mais que le courant lui étant contraire , & ne vou-lant pas d'ailleurs paſſer ſes ordres , il retourna au Mexique.

Explication de la troiſiéme & quatriéme Carte.

L'ON vient de voir, dans le Mémoire précédent de mon Frère, pour lequel il avoit dreſſé la quatriéme Carte, les preuves qu'il avoit, au commencement de ce ſiécle, de l'exiſtence d'une Mer, au Nord de la Californie, & du nouveau Mexique, à laquelle il avoit donné le nom de Mer de l'Oueſt, pour la diſ-tinguer de celle du Sud, avec laquelle elle communique par l'entrée qui eſt au Nord du Cap Blanc. Cette entrée eſt celle de Martin d'Aguilar ; quoique mon Frère ne l'ait pas écrite ſur ſa Carte, on la voit marquée ſur la plûpart de ſes Cartes gra-vées depuis ce tems-là ; mais la Mer de l'Oueſt n'y eſt pas re-préſentée.

A l'égard de la troiſième Carte que j'ai réduite exactement d'après une Carte de toute l'Amérique Septentrionale que mon Frère avoit dreſſée en 1695 ; elle diffère, comme l'on voit, de la quatriéme Carte, non-ſeulement parce que le Cap Blanc au Nord du Cap Mendocin n'y eſt pas marqué, non plus que le Détroit de Martin d'Aguilar ; mais encore parce que la côte Méridionale de la Mer de l'Oueſt n'y eſt pas continuée, juſqu'à la Californie ; d'où je conclus que mon Frère , entre la conf-truction de ces deux Cartes, avoit non-ſeulement connu le Cap Blanc, & le Détroit d'Aguilar, qui ne ſont pas dans la plus ancienne de ces deux Cartes ; mais qu'il avoit encore ſoupçonné la continuation de toute la côte Méridionale de la Mer de l'Oueſt, depuis le Cap Blanc, juſqu'au fond de cette Mer à l'Eſt, dans l'étenduë de 45 degrés en longitude, meſurés ſur la troiſiéme Carte.

Pour ce qui eſt de la côte Septentrionale de cette Mer de l'Oueſt, mon Frère l'avoit laiſſée indéciſe, comme l'on voit ſur ſes deux Cartes 3e, & 4e. Mais comme il marque ſur ſa 3e Carte ſous la latitude de 50 degrés , & la longitude de 250.

des habitations de Peuples alliés des Nadoueſſis, dont ils ſont éloignés d'environ 500 lieuës vers l'Oueſt, & que dans l'intervalle qui eſt au Nord entre ces Peuples &. les Nadoueſſis, il marque qu'il y avoit des prairies & campagnes immenſes à l'Oueſt & au Nord-Oueſt des Nadoueſſis ; l'on en peut conjecturer que l'on peut aller par terre des Nadoueſſis à ces peuples les plus Occidentaux, & que par conſéquent la côte Septentrionale de la Mer de l'Oueſt doit être continuée depuis les Nadoueſſis, juſqu'à ces autres Peuples, dont mon Frère n'a point écrit le nom ſur ſa Carte ; mais que l'on peut croire être ceux qu'il nomme Karézi dans ſon Mémoire. (*V. pag.* 53.).

Suivant ce que je viens de dire, la côte Septentrionale de la Mer de l'Oueſt, ne s'étendroit guères au-delà du 50ᵉ degré de latitude, qui eſt à peu près l'étenduë que je lui ai donnée dans ma première Carte, en réglant ſes bornes de ce ſens là, ſur l'eſpace libre que m'ont laiſſé les découvertes de l'Amiral de Fonte.

A l'égard de l'ouverture que l'on voit ſur la troiſiéme Carte ſous la latitude de 50ᵈ. & la longitude de 247ᵈ. Il ſemble que monFrère l'a priſe pour le Détroit d'Anian ; mais je n'ai pas encore trouvé ſur quel fondement il l'a placée ainſi, ni de quelle Mer il a voulu parler outre la Mer de l'Oueſt, lorſqu'il a écrit ſur ſa Carte, que *l'on pourroit croire, ſur des conjectures aſſez fortes, que le Détroit d'Anian, ſoit en ce lieu la jonction des deux Mers.* Peut-être a-t-il voulu parler de la jonction de la Mer de l'Oueſt avec celle du Nord, par le canal qu'il a laiſſé ouvert au Nord de la Baye d'Hudſon, à l'endroit marqué *ne ultrà*, ſous la latitude de 65°. Mais ce ne ſont que des conjectures, dont je viens de dire, que je n'avois pas encore trouvé les fondemens ; & auxquelles par conſéquent je ne dois pas m'arrêter, quoique mon Frère ait trouvé ces conjectures aſſez fortes pour placer dans cet endroit le prétendu Détroit d'Anian. On verra dans la ſuite de mes Mémoires, l'Hiſtoire des Opinions que l'on a euës ſur ce Détroit d'Anian, & les fondemens de ceux qui ont crû qu'il exiſtoit, & qui l'ont marqué ſur leurs Cartes : je me bornerai pour le préſent à ajouter, à ce que je viens de dire, que M. Nolin qui a copié, comme je l'ai dit dans mon avertiſſement (*pag.* 6.) ſur ſa première Mappemonde, le Globe Terreſtre : manuſcrit que mon Frère avoit préſenté à M. le Chancelier Boucherat, & qui y a marqué principalement cette Mer de l'Oueſt ; qu'il a, dis-je, terminé cette Mer, tant au Sud qu'au

Nord, & a marqué la continuation du Détroit d’Anian avec la Baye d’Hudfon : ce qui vient peut-être de ce que mon Frère l’avoit repréfenté ainfi fur le globe de M. le Chancelier Boucherat. C’eft ce dont je n’ai pû m’affurer, n’ayant pû retrouver ce globe, quelque peine que je me fois donné pour cela auprès de la Famille reftante de cet illuftre Magiftrat.

Je bornerai ici l’Explication de la troifiéme Carte de mon Frère, me réfervant pour les Mémoires fuivans à détailler & confirmer, par de nouvelles relations, les raifons que mon Frère a eues pour s’affurer de l’exiftence de cette Mer de l’Oueft ; raifons qu’il n’a expofées qu’en général dans le Mémoire que l’on vient de lire ; au lieu qu’en faifant l’Hiftoire, comme je me le propofe, des découvertes faites jufqu’à préfent, tant à l’Orient du Canada, qu’au Nord du nouveau Mexique, & en rapportant les Relations & les Obfervations qui n’ont pas encore été publiées ; cela me procurera le moyen, non-feulement de prouver l’exiftence de cette Mer de l’Oueft, diftincte de celle du Sud, mais encore d’en fixer plus exactement la fituation & l’étenduë.

Ce fera alors que l’on pourra avoir une entière explication des fondemens fur lefquels mon Frère avoit dreffé, dès l’année 1695. la Carte de l’Amérique Septentrionale, dont la 3ᵉ Carte que je donne ici a été tirée.

F I N.

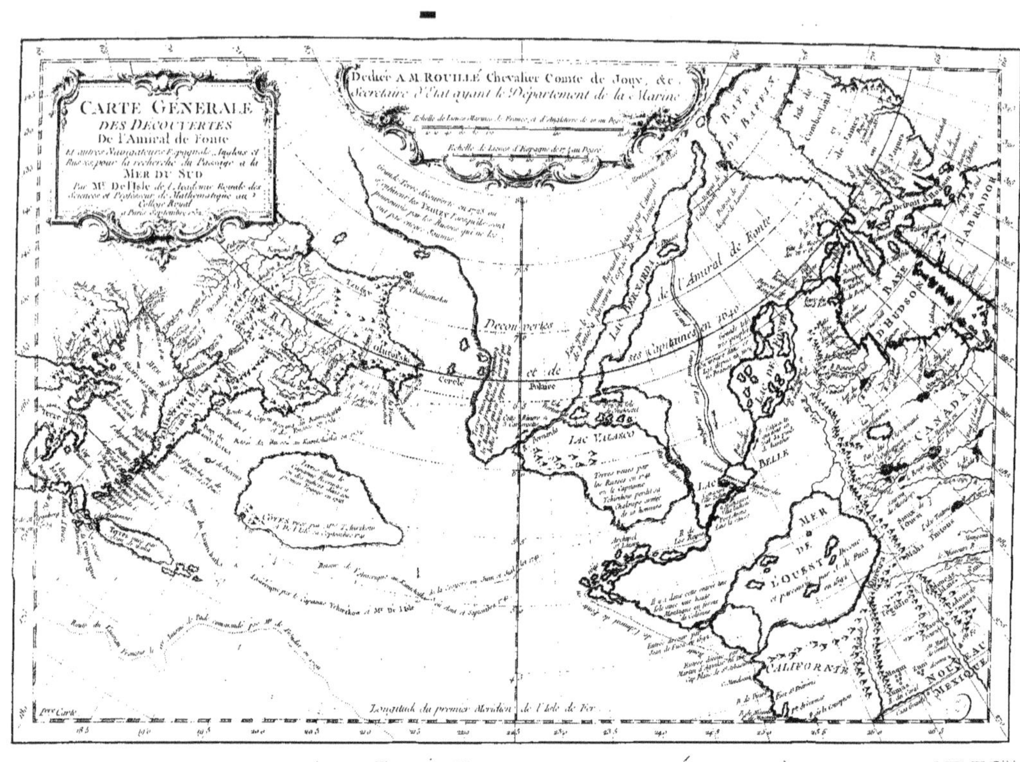

CARTE GENERALE
DES DECOUVERTES
De l'Amiral de Fonte
et autres Navigateurs Espagnols, Anglois et
Russes, pour la recherche du Passage a la
MER DU SUD
Par M. De l'Isle de l'Academie Royale des
Sciences et Professeur de Mathematique au
College Royal
a Paris Septembre 1752
Dediée A M. ROUILLÉ Chevalier Comte de Jouy, &c.
Secretaire d'Etat ayant le Departement de la Marine
Echelle de Lieues Marines de France, et d'Angleterre de 20 au Degré
Echelle de Lieues d'Espagne de 17 1/2 au Degré
Grande Terre decouverte en 1730 ou
explorée les ISLES Esquimaux
poursuivies par les Russes
ont pris connoissance que au bas
MER DE TARTARIE
Decouvertes
Cercle Polaire
et de
LAC VELASCO
LAC
BELLE
de l'Amiral de Fonte
des Esquimaux en 1640
Terres veues par
les Russes en 1741
où le capitaine
Tchirikow perdit six
Chaloupes armées
de 16 hommes
MER
DE
L'OUEST
Archipel
R. de
Los Reyes
CALIFORNIE
NOUVEAU
MEXIQUE
CANADA
BAYE
DE BAFFIN
BAYE
D'HUDSON
LABRADOR
Isle de
Cumberland
Route des Russes en 1741
Longitude du premier Meridien de l'Isle de Fer

12
13
12
14
14
15
15
16
e de
von
17c

CARTE *Dressée sur la Lettre de l'Amiral de* FONTE.
Par l'Ecrivain de la Californie.
Publié par M. De l'Isle. *Novembre* 1752.

MER DE TARTARIE

Terre où les
Jesuites ont été jusqu'à
la Latitude de 66 Degrez

Détroit de
Ronquillo

Baye de
Repulce

C. Smith

Baye de Wager

C. Dobbs

Mer .... trouvé

Shapel.

Churchill

LAC DE
FONTE

LAC
VELASCO

Haro R.

R. de
Parmentiers

Conasset

R. de los
Reyes

Archipel St Lazare ou Détroit d'Amau

Cap
Fortuné

C. Blanquial

C. St Sebastien

C. Mendocin

2e Carte

CARTE
D'UNE PARTIE DE
L'AMERIQUE SEPTENTRIONALE
Tirée des Manuscripts de M. Guill. Del'Isle
ou l'on voit son Systeme en 1695. sur les
Pais situés au Nord Ouest.
Publiée par M. Del'Isle
Professeur Royal et de l'Academie
Royale des Sciences &c.
Novembre 1752

BAYE DE BAFFINS
Groenland
Detroit de Davis
Detroit de Hudson
Détroit de Lildterman Jones
Dénoit de Jacques Lancastre
P. de Munck
Terre de Labrador
BAYE D'HUDSON
C. Termande
Port Bourbon
Port de Nelson
Churchill
Lac Superieur
Lac Ontario
Saguenay

Un pourront croire sur des conjectures assez
fortes que le Détroit d'Anien fait en
la jonction de ces deux Mers

Prairies et Campagnes immenses
à l'Ouest et au Nord Ouest
les Peuples Nadouessis

Peuples alliez des Peuples Nadouessis dont ils
sont eloignez d'environ 500 lieues vers l'Ouest

Aisempoils
Lac des
Aisempoils

MER DE L'OUEST
pas encore decouverte, mais
autorisée par le rapport de plusieurs
sauvages qui assurent y avoir été

Nadouessis

Mer Navigable au Nord du Nouveau Mexique et de Quivira

Apaches de Navaio
fort etendus vers l'Ouest
et à ce qu'on croit jus
ques au Détroit d'Anien

NOUVEAU
MEXIQUE

Taoros
Picuries
S. Jerome

Apaches
Vaqueros

Cumana
ou Coamo
R. de Bona Guia
Zuni
Cibola
Moquis
Cumanes
S. Estevan
d'Acoma
Hemes
Queres
Tebas ou Taos
Piros
S. Antoine
de Senan

Santa Fe
Pecos
Tanos
Tompiros
Hubates

Apaches de Xila
Apaches
del Perillo

Quivira habité par
les Peuples Aixaos

MER DU SUD
CALIFORNIE
Cap des Couronne
ou Mendocin
R. des Esperies
C. de Fortune
Les Pins
Monterey
C. S.t Martin
R. de S.t Pedro
Apaches de Xila

CARTE

DRESSÉE PAR M. GUILLAUME DEL'ISLE

Au commencement de ce Siecle, pour servir à ses Conjectures sur l'Existence de la Mer de l'Ouest. Publiée par M.ʳ Joseph Nicolas Del Isle Novemb. 1752

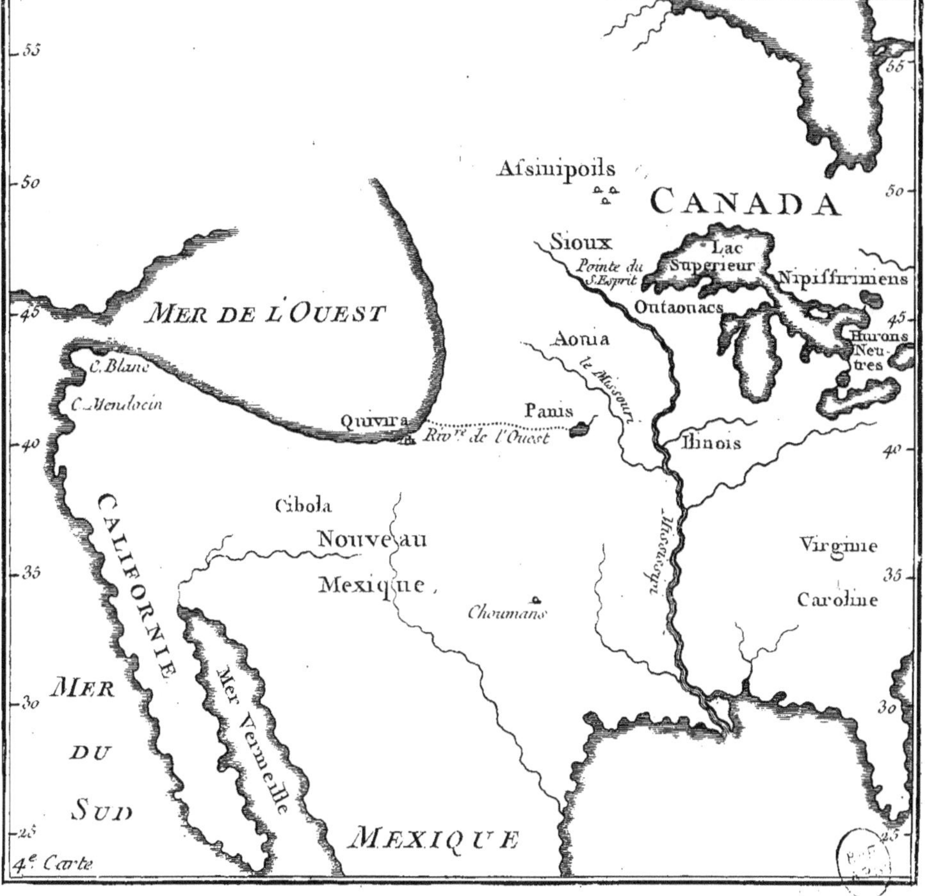

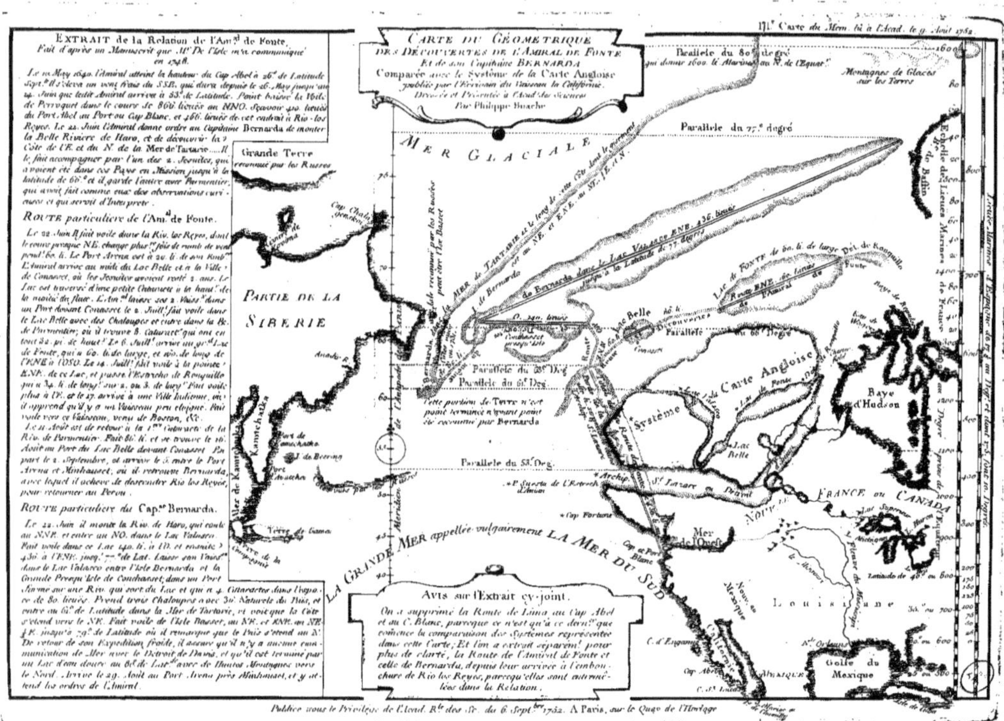

CARTE DU GÉOMÉTRIQUE
DES DÉCOUVERTES DE L'AMIRAL DE FONTE
Et de son Capitaine BERNARDA
Comparée avec le Systême de la Carte Angloise
publiée par l'Ecrivain du Vaisseau la Californie.
Dressée et Présentée à l'Acad. des Sciences
Par Philippe Buache

171.e Carte du Mem. lû à l'Acad. le 9 Aout 1752

Parallele du 80.e degré
qui donne 1600 lt. Marins au N. de l'Equat.r
Montagnes de Glaces
sur les Terres

Parallele du 77.e degré

MER GLACIALE

Parallele du 66.e Deg.

Parallele du 61 Deg.

Parallele du 58.e Deg.

Parallele du 53. Deg.

LA GRANDE MER appellée vulgairement LA MER DU SUD

GRANDE TERRE
reconnue par les Russes

PARTIE DE LA SIBERIE

Kamtschatka
Mer de Kamtschatka
Port de Kamtschatka
I. de Beering
Port Anadir
Anadir R.
Terre de Gama
Cap Chalaginskoy

Carte Angloise
Baye d'Hudson
Lac Belle
FRANCE ou CANADA
NOUV.
LOUISIANE
Systême
Mer de l'Ouest
Nouv. Mexique
Golfe du Mexique
MEXIQUE
Cap Abel
C. Blanc
St. Lazare
Archip.
Cap Fortuné
P. Guesta de l'Estrech d'Anian

Mer de Tartarie
Mr. Bernarda
de Bernarda dans le Lac Velasco à 77. degres
Route ENE de l'Amiral
Lac de Fonte de 60. li. de large
Rio de Haro
Echelle de Lieues Marines de France

Echelle des Lieues Marines de Bassin

EXTRAIT de la Relation de l'Amiral de Fonte,
Fait d'après un Manuscrit que Mr. De l'Isle m'a communiqué
en 1748.

ROUTE particuliere de l'Amiral de Fonte.

ROUTE particuliere du Capne. Bernarda.

AVIS sur l'Extrait cy-joint.

On a supprimé la Route de Lima au Cap Abel et au C. Blanc, parcequ'on n'est qu'à ce dern.er que commence la comparaison des Systêmes representées dans cette Carte; Et l'on a extrait séparemt. pour plus de clarté, la Route de l'Amiral de Fonte et celle de Bernarda, depuis leur arrivée à l'embouchure de Rio los Reyes, parcequ'elles sont enterrées dans la Relation.

Publiée sous le Privilege de l'Acad. R.le des Sc. du 6 Sept.bre 1752. A Paris, sur le Quay de l'Horloge

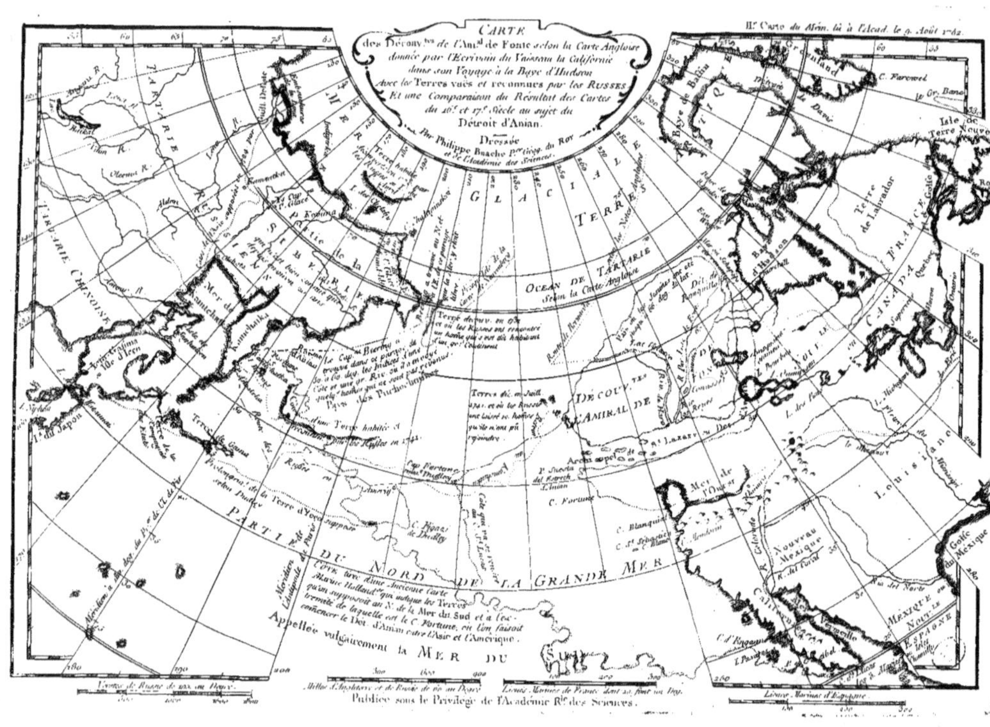
CARTE
des Découv.tes de l'Am.al de Fonte selon la Carte Angloise
donnée par l'Ecrivain du Vaisseau la Californie
dans son Voyage à la Baye d'Hudson
Avec les Terres vûes et reconnues par les RUSSES
Et une Comparaison du Résultat des Cartes
du 16.e et 17.e Siècle au sujet du
Détroit d'Anian.
Dressée
Par Philippe Buache P.re Géog. du Roy
et de l'Académie des Sciences.
M.e Carte du Mém. lû à l'Acad. le 9. Août 1752.
GLACIALE
TERRES
OCEAN DE TARTARIE
Selon la Carte Angloise
DÉCOUVTES
L'AMIRAL DE FONTE
MER DE TARTARIE
TARTARIE CHINOISE
Mer de Kamtschatka
Terre du Chien
Terre de Iesso
PARTIE DU NORD DE LA GRANDE MER
Appellée vulgairement la MER DU SUD
Groenland
C. Farewel
Gr. Banc
Isle de Terre Neuve
Terre de Labrador
NOUVELLE FRANCE
CANADA
LOUISIANE
Mer de l'Ouest
NOUVEAU MEXIQUE
MEXIQUE NOUVELLE ESPAGNE
CALIFORNIE
Golfe du Mexique
Baye de Baffin
Détroit de Davis
Baye d'Hudson
C. Blanco
C. Fortune
C. Mendocin
Lieües de Russie de 104. au Degré
Milles d'Angleterre et de Russie de 69. au Degré
Lieües Marines de France dont 20. font un Deg.
Lieües Marines d'Espagne
Publiée sous le Privilège de l'Académie R.le des Sciences.

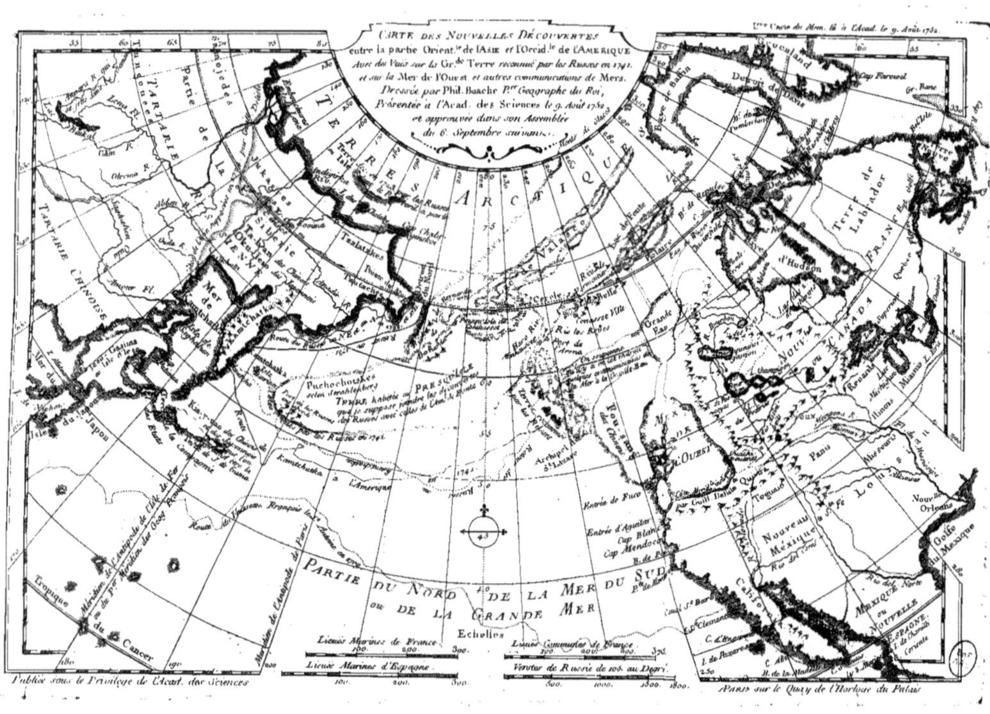

CARTE DES NOUVELLES DÉCOUVERTES
entre la partie Orient.le de l'Asie et l'Occid.le de l'Amerique
Avec des Vues sur la Gr.de Terre reconnue par les Russes en 1741.
et sur la Mer de l'Ouest et autres communications de Mers.
Dressée par Phil. Buache P.er Geographe du Roi,
Présentée a l'Acad. des Sciences le 9. Août 1752,
et approuvée dans son Assemblée
du 6. Septembre suivans.
1.ere Œuvre des Mem. lu à l'Acad. le 9. Août 1752.
TERRES ARCTIQUES
TARTARIE RUSSE
TARTARIE CHINOISE
Mer du Japon
Kamtchatka
L'Amerique
PARTIE DU NORD DE LA MER DU SUD
ou DE LA GRANDE MER
Tropique du Cancer
Entrée de Fuco
Entrée d'Aquilar
Cap Blanc
Cap Mendocin
Pt. de l'Ascension
NOUV. ALBION
Nouveau Mexique
MEXIQUE ou NOUVELLE ESPAGNE
Golfe du Mexique
Nouvelle Orleans
NOUV.LE CANADA
Terre de Labrador
Groenland
Detroit de Davis
Cap Farewel
B.ie de Baffin
B.ie d'Hudson
Echelles
Lieues Marines de France
Lieues Communes de France
Lieues Marines d'Espagne
Verstes de Russie de 104. au Degré.
Publiée sous le Privilege de l'Acad. des Sciences
A Paris sur le Quay de l'Horloge du Palais